KB191044

어른의 느슨함

어른의 느슨함

돈, 일, 관계에 얽매이지 않는
품위 있는 삶의 태도

와다 히데키 지음
박여원 옮김

Wilma

들어가는 말   008

(1장) 힘을 뺄수록 인생은 더 부드러워집니다
느슨한 삶을 위한 아주 약간의 빈틈

치열하고 성실하게 살아오신 분들에게 드리는 당부   018

치매보다 우울증이 더 위험합니다   022

성실함이 너무 지나치면 고집이 됩니다   026

'도덕'에서 중요한 것은 '도'가 아닌 '덕'   030

가족에게는 기댈 수 있는 만큼만 기대야 합니다   035

내가 편하고 즐겁다면 그게 전부   042

일이 없어지는 게 아니라 일에서 해방되는 것입니다   044

오늘 잘나간다고 내일도 잘나간다는 보장이 없는 게 인생   049

'못 하게 된 나'를 받아들이는 용기   053

신경 써야 할 것은 남 눈치가 아니라 내 마음입니다   056

가벼운 마음으로 지금부터 편하게 걸어요
인생의 무게를 덜어내는 유연한 마음가짐

인생은 각자 편한 대로 살아가는 것 064

남이 불행하다고 내가 행복해지진 않습니다 070

모르면 짐작하지 말고 물어보세요 073

제대로 사과하는 어른이 지혜로운 어른입니다 075

필요할 때만 정신을 바짝 차리는 자세 083

체면 차리다가 돌아오는 건 손해밖에 없습니다 089

눈앞에 보이는 것만이 전부가 아닙니다 092

요령 있게 사는 사람들이 유연하게 삽니다 097

 지나친 관심과 배려는 그만, 이제는 내가 먼저입니다
여유롭게 관계를 유지하는 자세

다른 사람에게 미움받는 것을 두려워하지 마세요 108

사소한 일에 얽매이면 중요한 것을 잃게 됩니다 110

너무 참아주면 나를 만만하게 생각합니다 113

모두가 좋아하는 사람들의 비밀 116

왜 남의 인생에만 그렇게 엄격한가요 118

이기는 것보다 중요한 건 내가 더 많이 얻는 것 121

겉마음과 속마음이 서로 다를 때 128

건강관리에도 느슨함이 필요합니다
무리하지 않는 선에서 건강을 관리하는 방법

건강은 수치로만 판단할 수 없습니다　　　　　　　　　140

건강수명의 진짜 의미　　　　　　　　　　　　　　　144

나이가 들면 자연스럽게 병에 걸립니다　　　　　　　148

병원에는 몸이 정말 불편할 때만 가세요　　　　　　　154

숨이 빨리 차는 건 위험한 신호입니다　　　　　　　　159

스트레스 받지 않고 약을 먹는 비결　　　　　　　　　165

검사를 많이 받는다고 병을 막을 순 없습니다　　　　168

통증은 참지 마세요　　　　　　　　　　　　　　　　172

의사의 한 마디에 일희일비하지 않는 마음　　　　　　175

 나이만 먹지 말고, 여유도 같이 먹어요
불확실한 내일보다 확실한 오늘을 챙기는 마음

좋아하는 음식을 마음껏 먹는 게 건강의 기본　　　　184

살이 조금 찐 사람이 오히려 더 건강합니다　　　　　190

가끔 술도 즐겁게 마시면 좋습니다　　　　　　　　　193

만약 지금 내가 암이라는 사실을 알게 된다면　　　　197

누구나 치매에 걸릴 수 있습니다　　　　　　　　　　202

나이 들면 자주 우울해지는 이유　　　　　　　　　　208

오늘도, 내일도 여행하는 마음으로   212

유연한 사람이 사기도 잘 안 당합니다   219

가볍게 만날 수 있는 친구 만들기   223

꼭 젊어야만 세상을 바꿀 수 있나요   226

나가는 말   229

한국도 그렇습니다만 일본이라는 나라에 살면서 자신과 타인에게 엄격한 사람이 많다는 사실을 통감합니다. 물론 자신에게 엄격하고 금욕적으로 살면서 성공하는 경우도 있을 것입니다. 그리고 그런 사람의 성공 스토리는 미담처럼 전해집니다. 이런 얘기를 듣고 '난 아직 멀었어'라고 생각하시는 분도 많을 것입니다. 대충 하거나 편하게 하는 것은 나쁘다고 생각하는 사람도 많겠지요.

제가 약 40년 전에 펴낸《수능의 요령》이라는 책이 일본에서 베스트셀러가 된 적이 있습니다. 수학 문제가 안 풀리면 빨리 해답을 보고 외우는 편이 점수를 따기 쉽다거나 과학 실험은 피곤하기만 하니 점심시간으로 대체해달라는 과격한 내용을 써서 교사들과 교육 관계자들에게 크게 빈축을 샀었습니다. 그런데 10년 정도 전부터 저에 관한 악평을 쏟아냈던 교육평론가들의 책이 거의 보이지 않습니다. 그렇게 엄격하던 사람들이니 문득 그들이 우울증에 걸리지는 않았는지 궁금해졌습니다.

같은 결과를 낸다면 조금이라도 편하게 하는 편이 몸과 마음을 망가뜨리지 않아 좋다는 것이 40년 가까이 정신과 전문의로 활동하며 내린 결론인데, 그 이유는 자신에게 엄격하고 괴로운 수단을 선택한 사람들이 우울증에 걸려 망가지는 모습을 자주 목격해서입니다. 저는 환자에게 항상 "좀 더 느슨하게 사셔도 될 텐데요"라고 말합니다. 고령자 전문 정신건강의학과 의사로서 이 '느슨한 삶'이 젊은 사람 이상으로 나이가 들수록 중요하다는 사실을 실감하고 있기 때문입니다.

젊을 때는 스스로에게 엄격하게 굴며 일을 끝낼 때까

지 퇴근하지 않거나, 자신에게 적당한지 따져보지도 않고 무작정 매사에 대충 하지 않겠다는 삶의 방식을 고수하다 체력적으로 버티지 못하는 사람이 적지 않습니다(물론 몸이 망가진 사람도 있습니다). 그런데 40대에 접어들면 점점 체력이 달리고, 고령기가 되면 이렇게 사는 것은 사실상 불가능해집니다. 그러니 확실히 일은 '이제 나이가 들어서'라며 대충 하게 되기도 하는데, 이번에는 건강을 여유롭게 생각하지 못하게 된 사람이 적지 않습니다. 혈압이나 혈당 수치, 콜레스테롤 수치, BMI(체질량지수) 등이 조금이라도 정상 수치를 넘기면 전부 정상이 되게 해야 한다면서 마음 졸이며 약을 먹고 식사도 의사의 지시에 따릅니다.

오랫동안 고령자 전문의로 일하다 보면 나이가 들어 혈압이나 혈당 수치가 높아지는 사람이 많고, 그런 사람들이 의외로 건강하다는 사실을 알게 됩니다. 건강에 지나치게 신경 쓰는 사람을 보면, 그러다 그것이 오히려 스트레스가 되어 면역 기능을 떨어뜨리는 바람에 암이나 폐렴에 걸리지나 않을까 걱정이 듭니다.

자신에게 엄격한 사람이 지닌 또 하나의 문제는 타인에게도 엄격한 잣대를 들이댄다는 점입니다. 앞서 말씀드린 예로 돌아가보면 이런 사람들은 수학 문제를 직접 풀지 않고 재빨리 답을 보고 외워버리는 것을 두고 '그런 꼼수'를 부리면 안 된다며 비난하기도 합니다. 자기는 하지 않겠다면 그건 일종의 자기결정이니, 손해를 보는 것 같아 안타까운 마음이 들긴 하지만 그들을 비난할 생각은 전혀 없습니다. 하지만 이런 사람은 이와 같은 방식으로 좋은 점수를 따는 사람을 용납하지 못하는 경우가 많습니다. 어떨 때는 그 책을 쓴 저자까지 공격하지요. 이러한 태도는 때로 인간관계를 무너뜨리기도 합니다.

나이가 들면 새로운 인간관계를 형성해야 하는데, 이때는 모두에게 맞추기보다는 다른 사람에게 쓸데없는 강요를 하지 않는 것이 중요합니다. 그래야 인간관계가 조금씩 넓어집니다.

느슨하게 사는 것은 나이가 들어서도 건강하고 풍요롭게 살아가는 비결입니다. 정년을 맞았다면 드디어 노동의 의무나 인간관계의 굴레에서 해방이 된 셈입니다. 예전보다 훨씬 느슨하게 살 수 있는 권리가 주어진 것이지요. 모처럼의 기회이니 조금은 느슨하게 살아보면 좋겠습니다.

아무리 그래도 지금까지 고지식하게 살아온 사람에게 갑자기 느슨하게 살라고 하면 당혹감을 느낄 수밖에 없습니다. 그래서 이 책에 동기가 될 만한 힌트를 써보았습니다. '아, 그렇구나!'라고 느끼는 것이 있다면 주저하지 말고 생활에 적용해보세요. 이 책을 통해 조금이라도 느슨하게 살게 된다면 저자로서 너무나 행복할 것입니다.

와다 히데키

힘을 뺄수록 인생은
더 부드러워집니다

느슨한 삶을 위한 아주 약간의 빈틈

지금껏 열심히 살아오다 인생이 완전히 후반전에 돌입했다고 느낄 나이가 되니 앞으로 어떻게 살아야 할지 막막해집니다. 미래를 생각하면 숨 막히는 고통이 엄습해 오지는 않나요?

고도 성장기부터 버블 경제기까지 겪어온 세대에게는 자신을 엄격히 통제하고 끊임없이 노력해야만 성과를 얻을 수 있다는 사고방식이 몸에 배어 있습니다. 그런데 코앞으로 다가온 노후를 생각하니 이제 체력도 달리고 열정도 사그라들어 어떻게 극복해야 할지 도저히 감이 잡히지 않습니다.

사실 이제부터가 바로 앞으로 찾아올 노후에 즐겁고 나답게 살 수 있는 시간입니다. 그렇다면 앞으로의 인생을 즐겁고 알차게 보내기 위해서는 무엇이 필요할까요? 단언컨대 그것은 '느슨하게 사는 것'입니다.

가끔은 사회적 굴레나 심리적 속박에서 벗어나 진짜 나다운 인생을 즐겨보세요. '이렇게 해야 해', '이런 모습을 유지해야지'라며 자신을 가두던 생각에서 벗어나 심신이 더 자유로워져야 새로운 미래가 열릴 것입니다. 지금부터 몸과 마음의 긴장을 풀고 어떻게 해야 편하고 즐거운 인생을 보낼 수 있을지 함께 생각해 보겠습니다.

치열하고 성실하게
살아오신 분들에게 드리는 당부

저는 1960년생입니다. 저보다 열 살 정도 위는 에너지가 넘치는 베이비붐 세대지요. 그 세대는 인구가 많아 경쟁의식이 높고, '입시지옥'이라는 말도 그들이 대학입시를 준비하던 1960년대에 생겼습니다.

당시는 대학 진학률이 낮았고, 1965년만 해도 17퍼센트에 불과했습니다. 수험 공부가 어찌나 가혹했는지 '사당오락四當五落', 이른바 네 시간 자면 합격할 수 있지만 다섯 시간 이상 자면 떨어진다는 말로 수면 시간을 통제하는 학교가 나올 정도였습니다.

하지만 바꿔 말하면 공부만 잘하면 다른 것은 그렇게 잘하지 못해도 된다는 풍조가 있던 것입니다.

그러다 우리 세대로 넘어와 학생 수가 점차 줄어들기 시작하면서 끔찍했던 입시지옥도 조금은 나아졌습니다. 그런데 이번에는 '공부는 당연히 잘해야 하고, 그것만으로는 부족해', '운동도 열심히 해', '성격도 좋아야 해', '친구도 많아야지'라는 그 나름대로 요구 사항이 넘치는 험난한 세상이 되고 말았습니다.

우리 세대는 어릴 적부터 그런 압박 속에서 공부도 열심히, 운동도 열심히, 친구도 열심히 사귀며 살아온 것입니다.

그렇게 살아와서인지 우리 세대에게는 자신에게 엄격한 사람, 자신을 잘 통제하는 사람이 훌륭하다는 인식이 뿌리 깊게 자리 잡고 있습니다. 온갖 일에 신경 쓰는 것이 당연하고, 대충 사는 것은 바람직하지 않다는 사고방식이 만연해 있지요. 특히 일본인 중에서는 그것에 자부심을 느끼는 사람이 많습니다.

그리고 스스로에게 여러 제약을 둡니다. 예를 들어 부모가 치매에 걸리면 자녀가 집에 머물며 간병해야 한다, 자녀가 은둔형 외톨이가 되었다면 사람들 볼 면목이 없으니 계속 집에서 뒷바라지해야 한다. 또는 나이가 들어도 건강해야 하니 건강검진 결과 수치가 모두 정상 범위 내에 들도록 관리해야 한다. 그렇게 도저히 이뤄내기 힘들 정도로 무리한 조건을 내세우고는 그것을 지키겠다고 자신을 채찍질합니다.

나이가 들수록 그런 엄격한 기준에 맞춰 살기가 더더욱 힘들어지지 않을까요? 지금 당장은 괜찮을지 몰라도 앞으로 더 나이가 들면 힘에 부칠 것입니다. 그런 불필요한 엄격함에서 벗어나 자유로워지세요. 그것이 '느슨하게 사는 것'입니다.

다행히 정년에 가까워질수록 승진을 위해 무조건 참아야 하는 일이 줄어듭니다. 퇴직하면 회사 이름에 먹칠할 만한 행동을 피해야 한다는 압박감에서도 해방되지요.

남의 눈치를 봐야 하는 순간도 적어지고, 늘 좋은 사람으로 지내야 한다는 심리적 압박감에서도 해방됩니다.

서투른 것을 극복하려고 노력하기보다 못 하는 것은 솔직히 인정하며 포기하고 잘하는 것, 자기가 좋아하는 것만 하겠다는 생각으로 하루하루를 살면 되는 것입니다.

치매보다
우울증이 더 위험합니다

나이가 들면 여러 기능이 저하됩니다.

나중에 치매에 걸려 주변의 신세를 질까 봐 치매에 걸리지 않으려고 지금부터 부지런히 대비해두는 사람도 있을 것입니다. 하지만 사람은 누구나 나이가 들면 치매에 걸립니다. 정도의 차이는 있어도 누구 하나 예외 없이 그렇죠. 그러니 치매에 걸리면 안 된다고 생각하기보다 되도록 긍정적인 마음으로 귀엽게 늙는 것도 나쁘지 않다고 생각하는 편이 좋습니다.

또한 나이가 들면 당연하다고 여겼던 일도 서서히 하

기가 힘들어지지요. 정해진 대로 해야 한다고 자신을 엄격하게 통제하며 지금껏 그럭저럭 해내왔던 일들도 점점 힘에 부칩니다. 그러면 자꾸 자책의 늪에 빠지고 그것이 곧 우울증의 원인이 되기도 합니다.

치매에 걸릴까 봐 많이들 걱정하는데 치매는 생각하기에 따라 그렇게 무서운 병만은 아닙니다. 잘만 늙는다면 모두가 행복해질 수 있습니다.

하지만 우울증은 그렇지 않습니다. 날이면 날마다 암울한 생각이 밀려들고 더욱이 그것이 죽을 때까지 계속 이어집니다.

60대, 70대가 된 후 우울증에 걸린 사람이 많습니다. 65세 이하의 우울증 발병률은 3퍼센트 정도지만, 65세가 넘으면 5퍼센트로 증가합니다. 저 역시도 오랜 임상 경험을 통해 60대 무렵부터 마음에 문제가 생기기 쉽다는 사실을 알게 되었습니다.

우울 상태에 빠지면 생기는 사고 패턴 중 대표적인 것

이 '당위적 사고'와 '이분법적 사고'입니다. 당위적 사고는 말 그대로 '이렇게 해야만 해', '이런 모습이어야 해'라고 엄격하게 생각하고 그것이 이루어지지 않으면 절망하고 자책하거나 남의 탓을 하는 것입니다.

이분법적 사고는 다른 사람이나 일을 흑백 두 가지로 구분하는 사고방식입니다. 이를테면 '정의와 악', '적과 아군', '선의와 악의'와 같이 모든 것을 두 가지로 분류하는 것입니다. 그렇지만 실제로는 대부분 좋은 부분이 있으면 나쁜 부분도 있어 O나 X로 딱 잘라 답을 내릴 수 없습니다.

나이가 들면 선입견이 점점 강해지거나 고집이 세지고, 실수를 용납하지 않거나 사고 전환이 어려워져서 이러한 엄격한 사고방식에 빠지기 쉽습니다. 예전과 같은 생활을 하는 듯해도 우울증에 걸릴 위험이 높은 것입니다.

우울증은 나이에 상관없이 누구에게나 괴로운 병이지만, 나이가 들고 나서 발병하면 회복이 상당히 더딥니다. 우울증 진단까지는 받지 않더라도 항상 힘들고, 따분하고, 하루하루가 암울해서 불안으로 가득 찬 상태가 될 수 있습니다.

그래서 '느슨하게 사는 것을 추천'하는 것입니다. '저건 하면 안 돼', '이건 해야만 해'라고 자신을 옥죄는 것을 그만두고 '뭐, 어때'라며 느슨하고 대범하게 살면서 안락하고 건강하게 장수하는 편이 낫지 않을까요?

성실함이 너무 지나치면
고집이 됩니다

일본인에게는 특히 '자신에게 엄격해야 한다', '자신을 통제하는 사람이 훌륭한 사람이다'라는 사고방식이 몸에 배어 있는 듯합니다. 비슷한 사회인 한국에도 그것을 자부심이라고 여기며 대충 또는 어설프게 살면 안 된다는 풍조가 있는 것 같습니다. 확실히 그런 사고방식은 동아시아인의 장점이기도 하지요. 예를 들어 전철이나 버스를 탈 때는 먼저 타려고 우르르 몰려가지 않고 제대로 줄을 서서 탑니다. 이런 부분은 대단하다고 여겨지지만, 때로는 이런 성실함이 지나칠 때가 있습니다.

얼마 전 누군가에게 이런 이야기를 들었습니다. 오키나와에서 돌아오는 길이었는데, 비행기가 연착되는 바람에 도쿄 하네다공항에 도착하니 이미 막차가 끊긴 시간이었다고 합니다. 공항 택시 승강장은 이미 집에 가려는 사람들로 장사진을 이룬 상태였지요. 그래서 택시 회사에 전화를 걸어 택시를 보내달라고 부탁했더니 얼마 지나지 않아 가까운 곳에서 운행 중이던 택시를 보내주었다고 합니다. 반면, 착실하게 줄을 서서 택시를 계속 기다리던 사람들의 줄은 좀처럼 줄어들지 않았다고 하지요.

지금은 앱으로 간단히 택시를 부를 수 있는 시대입니다. 그런데 택시 회사에 연락도 하지 않고 가만히 줄을 서 있는 사람이 많았다는 것은 그곳에 줄이 있으니 착실하게 줄을 서야 한다는 생각이 들어서였을까요? '줄을 서서 순서를 지키는 것이 절대적 정의이며, 나만 택시를 부르는 것은 새치기 같아 어쩐지 나쁜 짓을 한 듯한 기분이 든다.' 무의식중에 그런 식으로 생각했던 것인지도 모릅니다.

하지만 한번 생각해보세요. 택시를 직접 부르는 편이 택시 회사도 고마워할 것이고, 택시 기사에게도 도움이 되며, 줄도 줄어드니 기다리는 사람도 기분이 좋습니다. 당연히 여러분도 한 치 앞을 몰라 전전긍긍하는 시간이 줄어들겠지요. 아무도 손해를 보지 않을뿐더러 모두가 이득을 보는 행동입니다.

'이렇게 해야만 해', '지금 상황을 잠자코 따라야지'라는 고정관념에서 살짝 벗어나 자유로워지는 것만으로 여러분을 포함한 모든 사람이 편해질 것입니다. 제가 권하는 느슨한 삶은 바로 이런 사소한 발상의 전환입니다.

자신을 엄격하게 통제하며 규범이나 매너를 필요 이상으로 깐깐하게 지키려는 것은 나이를 먹으면서 생긴 고지식함과 성실함이 낳은 결과입니다. 앞으로는 그런 엄격한 가치관을 내려놓고 더 편해져야겠죠.

물론 공동생활을 하기 위해서는 법처럼 반드시 지켜야 할 것들은 따라야 합니다. 그런데 도대체 어디까지가 꼭 지켜야 할 법일까요? 암묵적인 규칙이나 습관처럼 어느새 지켜야 한다고 여기게 된 것도 있지 않나요? 수 많은 규범과 예절을 지켜야 한다는 꽉 막힌 가치관에서 벗어나지 못하면 아무리 시간이 흘러도 편해질 수 없습니다.

'도덕'에서
중요한 것은 '도'가 아닌 '덕'

지금부터는 법률과 도덕에 관해 생각해보겠습니다.

법률은 말할 것도 없이 누구나 지켜야 할 규범입니다. 그럼, 도덕은 어떨까요? 원래는 상황에 따라 지키거나 지키지 않아도 무방합니다. 그런데 우리 대부분은 '도덕적이어야 한다'는 의식을 강하게 가지고 있지 않나요?

도덕이란 '선의를 구별하고 올바르게 행동하기 위해 지키고 따라야 할 규범'을 말합니다. 외적 행위를 규제하는 것이 법률이라면, 내적으로 올바른 행위를 하려고 자발적으로 규제하는 것이 도덕이지요.

도덕은 '도'와 '덕'으로 성립됩니다. '도'는 사람이 따라야 하는 도리로, 예를 들어 '효도를 하자', '친절한 사람이 되자', '거짓말을 하지 말자', '모든 사람을 위해 순서를 지키자'와 같은 것들입니다. '도덕을 지켜야 인간관계가 원활해진다'는 것은 일종의 규범 같지만, 법으로 정해진 것은 아닙니다.

　한편, '덕'이란 사람이 갖춰야 하는 훌륭한 품격을 가리키는 말입니다. 예를 들어 부자가 기부를 하거나 가난한 사람을 도와주듯 여유 있는 사람이 힘든 사람을 도와주는 것을 '덕이 높다'고 표현합니다. 선한 행동을 하는 사람의 상태나 습관과 같은 것이지요.

　사회적으로 성공한 사업가나 정치인이 덕을 베풀어 존경받는 것은 올바르게 덕을 쌓는 방법 중 하나일 것입니다. 그런데 성공한 사람들은 이상하게도 도덕을 논하는 것치고 실천하는 모습은 별로 보이지 않습니다. 정치인들은 적극적으로 '도덕 교육'을 추진하면서도 선거 기간 중 문제를 일으키면 으레 "법적으로는 문제없다"라고 말합니다. 그런데 법적으로 문제가 없다고 하면 도덕은 의미를 잃습니다.

여러 사건을 통해 정치인은 거짓말을 한다는 의심이 기정사실이 된 것처럼 정치인이 국민에게 '덕'을 보이지 못한다는 사실 또한 명백합니다. 그런데도 젠체하며 '도덕 교육'이 중요하다고들 말합니다.

인간의 도리를 입에 올리는 사람들이 오히려 '도'를 업신여기며, 덕을 베풀어야 할 사람들이 오히려 '덕'을 베풀지 않습니다. 참 이상한 세상이지요. 도덕 교육을 중시하는 것치고는 정치계에서 별로 도덕적 행동을 하는 것을 볼 수 없으며 덕을 베푸는 행동도 하지 않는 듯합니다.

일부러 도덕 교육을 철저히 하지 않더라도 사람들은 '도'를 중요시합니다. 특별한 규정이 없더라도 사람이 붐비면 자발적으로 줄을 서고 순서를 지키고 서로 양보하면서 혼란을 피합니다. 재해가 발생했을 때도 질서를 흐

트러뜨리기보다 모두가 서로 도우면서 안심하며 지낼 수 있도록 배려합니다.

그런 의미로 도는 지켜지고 있는데 도덕 교육의 필요성을 설파하는 정치인이 덕을 보이지 않는다는 것은 큰 문제입니다. 나라를 이끄는 사람이 인간의 도리를 하찮게 여기고 덕을 베풀지 않는 상황에서 도덕적 태도를 고수하는 것은 자신을 괴롭게 할 뿐입니다. 도덕적으로 좋은 부분은 남기면서도 우리를 가두는 괴로움에서 조금은 느슨해져도 되지 않을까요?

꽤 오래전부터 요양병원 부족이 문제시되고 있습니다. 그런데도 여전히 '재택 간병이야말로 인간의 도리다', '자녀가 부모를 보살피는 것은 당연하다'라는 사고방식이 뿌리 깊게 자리 잡고 있는 듯합니다.

자기 삶을 희생하면서 부모님을 간병하느라 괴로워하고 있다면 이들이 앞으로도 계속 부모님을 돌봐야 할까요? 요양병원의 도움을 받는 것이 그렇게 나쁜 것일

까요? 그것이야말로 인간의 '도리'라고 생각하는 사람
도 있겠지만, 사실은 그렇지 않습니다. 그런 고정관념에
서 더 자유로워지고 느슨해져야 합니다. (그리고 사실 정
치인들이 '덕'을 베풀면서 요양 시설을 확충하는 것이 핵심 아
닐까요?)

가족에게는 기댈 수 있는 만큼만
기대야 합니다

가부키歌舞伎(절제된 몸짓과 발성이 특징인 일본 전통 공연 예술 — 옮긴이)에는 비참한 가족 동반자살 미수사건을 소재로 한 이야기가 있습니다. 이런 예를 들 필요도 없이 일본인은 동반자살 이야기를 매우 좋아합니다. 동반자살을 아름답고 숭고한 것으로 여기기도 하지요.

사건의 진상은 알 길이 없지만 전통과 명예를 지키기 위해 일가족이 동반자살을 선택한다는 사고방식을 일본인은 왠지 모르게 이해합니다. 그런데 그것이 진정 올바르고 아름다운 것일까요? 그렇게까지 자신이나 가족,

가문에 엄격할 필요는 없습니다.

어린아이를 길동무로 삼는 가족 동반자살은 더 참담합니다. 부모가 죽을 때 '어린아이만 남겨두는 건 불쌍해'라고 생각하는 것은 지극히 자연스러워 보이지만, 곰곰이 생각하면 그것도 이상한 이야기입니다.

아이는 어디까지나 별개의 인격입니다. 부모가 아이를 책임져야 한다는 생각에는 일리가 있지만, 그렇다고 아이의 미래까지 빼앗아서는 안 됩니다. 1960년대에 교통사고로 부모를 잃은 아이의 학업을 지원하기 위한 목적으로 '교통유아육성회交通遺兒育成會'라는 단체가 만들어졌습니다. 지금은 교통사고 발생 시 나오는 보험금이 그 역할을 하고, 이 단체 외에도 '아시나가보험회あしなが育成會'와 같은 장학금이 모종의 이유로 부모를 잃은 아이를 위한 기금으로 사용되고 있습니다. 이러한 사회적 지원이 존재합니다. 그러므로 안타깝게도 부모가 스스로 생을 마감하고 싶을 때 아이까지 말려들게 할 필요는 없습니다. 아이는 사회의 재산입니다. 고생은 하더라도 살아갈 길은 반드시 있습니다.

　부모인 내가 없으면 아이는 불행해질 거라고 생각하는 것은 지나친 참견이며 이상한 책임 의식입니다. 그리고 비슷한 의미로 동반자살은 아니더라도 죽음으로 사죄하고 책임지는 방식에 대해서도 의문이 남습니다.

　서양에는 동반자살이라는 개념이 없습니다. 동반자살을 영어로 번역하면 '더블 수어사이드double suicide'입니다. 일본 특유의 문화인 듯하지만 실은 오래전부터 이어 내려온 것이 아니라 에도 시대江戸時代(에도 막부가 통치한 1603년부터 1868년까지의 시기 ― 옮긴이)에 지카마쓰 몬자에몬近松門左衛門(에도 시대에 활동한 일본 극작가 ― 옮긴이)이 유행시킨 것으로 보입니다.

　1703년에 일어난 실제 사건을 모델로 지카마쓰 몬자에몬이 집필한 작품 닌교 조루리人形淨瑠璃(반주에 맞춰 이야기를 읊는 일본 전통 인형극 ― 옮긴이) 〈소네자키 신쥬曾根崎心中〉가 공연되었습니다. 그리고 이 작품이 대히트를 쳤습니다. 젊은 남녀의 동반자살 러브 스토리에 관객이 열광하였고, 일대에 동반자살이 유행처럼 퍼졌다고 전해집니다. 동반자살이 너무 유행한 나머지 에도 막부는 이 사태를 중대히 여겨 동반자살을 소재로 한 공연을 금지하고, 동반자살 시도 후 한 명만 살아남는 경우에는 사형을 처하는 등의 엄격한 조치를 취했습니다. 그 결과 동반자살 수가 대폭 감소했다고 합니다.

무사가 책임을 지기 위해 하는 명예 자살인 할복은 헤이안 시대平安時代(794~1185년 —옮긴이)에 시작했다고 전해지는데, 그와 달리 동반자살은 오래된 일본 전통이나 문화도 아닙니다.

죽음을 미화하는 사고방식은 일본뿐만 아니라 전 세계에 존재합니다. 1774년 독일에서 출간된 괴테의 소설 《젊은 베르테르의 슬픔》이 세계적으로 인기를 얻었을 때도 자살이 대유행해 발매 금지 처분을 내린 나라도 있습니다. 이 세계적 대유행에서 비롯되어 유명인의 자살에 영향을 받아 스스로 목숨을 끊는 사람이 늘어나는 것을 '베르테르 효과'라고 부르게 되었습니다.

동반자살 외에도 일본인은 '죽음으로 사죄한다'가 최고로 책임지는 방식이며 훌륭한 행위라고 생각합니다. 또한 '빚을 갚지 못해 죽는다', '일을 제대로 완수하지 못해 죽는다', '회사에 손해를 입혔으니 죽는다'와 같이 자신의 책임을 지나치게 크게 여기는 경향이 있습니다. 하지만 죽음이 결백함의 상징이라는 것은 픽션에서 확장된 이미지에 불과합니다.

지금 50대나 60대 중에는 부모님을 간병하는 사람이 많을 것입니다. 건강하던 부모님의 행동이 둔해지거나 부모님에게 치매 조짐이 보인다면 내가 돌봐드리고 싶다거나 돌봐드려야 한다고 생각하기 쉽습니다. 일도 이제 곧 매듭지을 시기라고 여기며 일을 그만두는 사람도 있습니다. 그런 간병이직介護離職이 일본에서는 현재 큰 사회문제가 되고 있는데, 자신의 노후를 생각한다면 절대

하면 안 되는 선택입니다.

퇴직 후 시간이 많고 여유가 생겼다면서 자기 생활까지 내던지고 열심히 재택 간병을 하는 사람도 있습니다. 하지만 그런 사람들은 머지않아 부모님이 세상을 떠나게 되면 견딜 수 없는 상실감에 빠지게 됩니다. 그때는 직장도 취미도 자기 삶도 없는 상태에서 다시 일어서야 하니 더 곤란을 겪습니다.

요양병원에 자리가 없다거나 요양병원 케어가 걱정된다는 이유로 직접 간병하겠다는 사명감에 불타는 사람도 있습니다. 그리고 실제로 간병이 시작되면 '완벽하게 해내야 해'라며 진지한 자세로 임합니다. 하지만 간병은 절대 혼자서 감당할 수 있는 것이 아닙니다. 자기 자신도 앞으로 얼마나 더 건강하게 살 수 있을지 모르는 상황인데, 그런 시기를 간병에 몰두하다 여행도 못 가고, 잠깐 쉴 여유도 없이 보내다 보면 우울감을 느끼게 됩니다. 그렇게 다 같이 무너지면 모두 불행해질 뿐입니다.

고된 간병의 결과가 부모와의 동반자살이라니 이는

절대 일어나서는 안 될 슬픈 일입니다. 이러한 일을 방지하기 위해서라도 자식이 부모님을 돌봐야 한다는 고정관념에서 벗어나야 합니다.

남에게 기댈 수 있을 만큼 기대고, 가능하면 간병인에게 맡기세요. '완벽하지 않아도 돼', '원하는 대로 되지 않아도 괜찮아'라고 생각해야 합니다.

아직 건강하고 몸도 자유롭게 움직일 수 있는 시기인 만큼 앞으로 다가올 노후를 순조롭게 맞이하기 위한 준비를 시작해야 합니다. 부모님도 자식이 간병으로 피폐해지는 것보다 건강하게 곁에 있어주는 편이 당연히 더 기쁠 것입니다. 부디 간병 중인 분들이 있다면 이렇게 생각을 바꿔보길 바랍니다.

내가 편하고 즐겁다면
그게 전부

코로나 시대에 '외식을 삼가자', '다른 사람과의 대화를 줄이자'라며 필요 이상으로 자신을 통제한 사람들이 종종 있습니다.

그 전까지는 여행이라도 떠나 몸을 움직이던 수많은 고령자가 외출을 삼가야 한다며 덜 움직인 탓에 몸에 힘이 빠지면서 최악의 경우 간병이 필요한 상태가 되기도 했습니다. 사회적 거리두기 기간 중 느슨하게 살지 못한 사람 대부분이 그 후 더욱 힘든 상태가 된 것입니다. 확실히 코로나19 때는 사회 전체적으로 우울한 분위기가 만연했습니다. 하지만 그런 분위기일수록 자기 자신은 우울해지지 않는 방법을 찾아야 합니다.

비상시에는 괴로운 것이 당연하지만, 답답함을 견뎌야 한다는 생각이 오히려 더 우울한 분위기를 조장한 듯합니다. 규범을 지켜야 하고 즐기면 안 된다며 스스로 통제한 결과, 주변 사람들도 힘들어졌으니까요.

코로나가 한창 기승을 부릴 때 '할 수 있는 게 없어 숨이 막힌다', '마음대로 움직일 수 없어 괴롭다'는 사람이 많았습니다. 그런데 그렇게 괴로운데도 왜 계속 참아야 하나요? 숨이 막힌다면 숨통이 트일 방법을 찾으면 되지 않을까요? 왜 편해지거나 즐기는 것에 죄책감을 느껴야 하나요?

'저 사람은 적당히 하네', '저 사람은 부족해', '저 사람은 요령을 부리네'라며 험담하는 사람도 있겠지만, 그런 말의 절반은 질투라고 생각하거나 오히려 칭찬으로 여기는 편이 좋습니다. 이렇게 하는 편이 더 밝고 씩씩하게 살아남을 수 있습니다.

일이 없어지는 게 아니라
일에서 해방되는 것입니다

60세로 정년을 앞둔 사람이 많을 것입니다. 당연히 아직 정정하니 앞으로도 어떤 방식으로든 계속 일을 할 것입니다. 하지만 환갑을 앞둔 이 나이는 인생의 쉼표이며, 다가올 앞날에 대해 고민할 좋은 기회이기도 합니다.

정년이 다가오면 앞으로 내가 얼마나 출세할 수 있을지, 앞으로 어떤 대우를 받을지 대략적인 평가가 예상됩니다.

'아무래도 더 이상 승진은 기대가 안 되네', '앞으로 큰

프로젝트는 맡기 힘들 것 같아'라고 예상된다면 남은 회사 생활은 어떻게 해야 할까요? 지금까지 신세졌다는 생각에 끝까지 대충 하는 일 없이 열심히 하겠다고 마음 먹었다면 조금 발상의 전환이 필요할 것 같습니다.

회사를 떠난 후의 인생을 우선으로 생각해야 합니다. 아직 능력을 발휘할 수 있는 동종업계 회사로 이직해도 좋고, 계속 흥미를 느끼고 있던 업계에 도전해도 좋으며, 창업을 염두에 두거나 직종에 따라 프리랜서를 고려해볼 수도 있습니다. '회사를 위해 최선을 다하고, 남은 기간 제대로 마무리해야지'라고 성실하게 생각한다 해도 그것을 평가해줄 사람도 없고, 아무도 그렇게 하길 바라지 않습니다. 앞으로의 인생을 위해 인맥을 늘리거나 능력을 살릴 만한 길을 찾는 것이 이득일 것입니다.

나이가 들면 자연스럽게 앞으로 몇 년이나 일할 수 있을지, 얼마나 일할 수 있을지, 이대로 같은 곳에서 계속 일할 수 있을지, 다른 곳으로 이직해야 할지, 5년이나

10년 후가 되면 일 자체를 그만두어야 할지 계속해야 할지 고민하며 더욱 큰 인생의 기로에 서게 됩니다.

평생 일만 바라보며 쉴 새 없이 달려온 사람에게 소속이나 지위가 사라지는 것은 낯선 경험일 것입니다. 마침내 일을 하지 않아도 되는 날이 온다면 무슨 생각이 들까요?

일하는 나, 회사 소속의 나, 직함이 있는 나에게 가치를 두고 살아온 사람은 '직함이 없어졌어', '더 이상 사회에 있을 곳이 없어', '나를 찾는 곳이 아무 데도 없어'라는 상실감에 사로잡힐 것입니다. 반대로 '겨우 해방됐어', '편안해져서 좋네', '나답게 살 수 있다'라고 생각하는 사람도 있습니다.

지금까지 열심히 일하고 인정받아 승진했더라도 일을 그만둔 시점부터는 새로운 가치관을 가지고 살아야 합니다. 지금까지의 경험이나 공적이 사라지는 것은 아니지만 더 이상 그것은 인생의 기준이 될 수 없습니다.

그때 다양한 굴레에서 벗어나 '편안해졌어', '홀가분해졌어'라고 생각할 수 있는 것이 느슨한 사고방식입니다. '내가 해온 것은 이제 통하지 않아', '이제 난 더 이상 존경의 대상이 아니야'라는 생각은 스스로를 괴롭힐 뿐입니다.

느슨하게 살지 못하는 사람은 매사를 승부로 여깁니다. '예전보다 사회적 위치가 낮아졌어', '수입이 줄었어'라며 자신을 패배자로 만듭니다. 하지만 일을 그만두었으니 남의 잘못에 책임을 지거나 피하기 힘든 인간관계에 괴로워할 일도 없습니다. 실컷 일한 후에는 '여유로워서 좋다', '매일 부담 없어서 기뻐'라고 생각하는 태도가 노후의 느슨한 삶으로 이어집니다. 정년은 인생의 끝이 아닙니다. 60세를 기점으로 앞으로 넉넉히 20년이나 30년은 새로운 인생이 계속될 테니까요.

오늘 잘나간다고 내일도 잘나간다는
보장이 없는 게 인생

야심 있는 사람은 회사에서 출세 경쟁에 휘말립니다. 부장이나 과장, 편집장이나 교수가 되고 싶다는 꿈을 품고 있겠지만, 유감스럽게도 평생 그 지위가 유지되지는 않습니다. 모두 언젠가는 회사를 떠나 자기 인생을 살아야 합니다. 결국 지위나 직함은 일과성에 불과한 것입니다. 출세만 생각하는 사람은 남에게 미움받을지언정 윗사람 비위 맞추기에 바쁜데, 그렇게 한다고 경쟁에서 꼭 이긴다는 보장은 없습니다.

제가 속한 의료계도 상황이 비슷합니다. 대학병원에

오래 남은 사람들을 승리자, 도중에 그만두고 개업하는 의사를 패배자라고 부릅니다. 도중에 그만둔 저는 패배자였지만, 예순이 넘으니 각자의 상황이 달라집니다. 교수가 된 승리자도 평생 그 지위가 유지될 리 없습니다. 이제 슬슬 앞으로 어떻게 살아야 할지, 어디로 가야 할지 고민해야 합니다.

반면 패배자라고 불리던 개업의는 이제 각자 안정된 위치를 확보한 나이입니다. 40세에 개업했다고 치면 이미 20년의 경력이 쌓여서 지역 의사협회장이 되거나 자기 병원을 키우는 등 충실한 삶을 살고 있습니다. 게다가 정년이 없으니 미래가 불안하지도 않습니다. 노후를 생각하면 승리자라고 불리던 사람들이 패배자인 사람들을 부러워하는 역전 현상이 발생하는 것입니다. 저 역시 40대와 50대까지는 동기 중 패배자 취급을 받았지만, 예순이 넘자 '넌 좋겠다'라며 부러움을 받고 있습니다.

'지금 이 승부에서 이겨야 해', '지금 제대로 출세해야지'라며 부단히 노력해온 결과, 설령 운이 넘치고 인복이 많아 사장이나 교수가 됐다 하더라도 앞으로의 인생이 어떻게 될지는 아무도 모릅니다. 출세 경쟁에 몰두하다 모르는 사이에 동료와 멀어지거나 의도치 않게 수많은 적을 만들어버린 경우도 있습니다. 그 끝에 기다리는 것은 쓸쓸한 말로일 뿐이지요.

일은 잘해도 생각이 짧은 사람은 일머리가 없는 사람을 깔보거나 윗사람을 제대로 대우하지 않는 무례를 범하기 쉽습니다. 사람들이 슬슬 피하게 되면서 만나는 사람은 업무상 관계자일 뿐인데, 이들과의 사이에서는 이해관계가 작용하니 진심으로 날 신뢰하는 사람은 없습니다. 처지가 달라지면 주변에 아무도 남지 않는 외로운 인생이 될 수도 있습니다.

반대로 느슨하게 살면서 주변 사람들과 스스럼없이 지내온 사람은 나이가 들면 함께 즐길 친구가 많을 것입니다. 지금 당장의 승리를 좇기보다 멀리 보고 무난하게 나아가는 편이 인생에 더 의미가 있습니다. 비록 살다가

괴로운 일이 생겨도 코앞의 일만 생각하지 말고, 좀 더
긴 안목으로 앞을 내다보는 좋은 의미의 태세 전환이 중
요합니다.

'못 하게 된 나'를
받아들이는 용기

나이가 들면 못 하게 되는 것이 많아집니다. 얼마 전까지만 해도 쉽게 할 수 있던 일을 잘 못하게 되고 몸이 무겁게 느껴지는 것을 누구나 실감하겠지요. 못 하는 것이 늘어나면 크게 두 가지 방법을 고려해야 합니다.

하나는 그 상태에서 할 수 있는 것을 찾아 활용하는 것입니다. 예를 들어 언젠가는 난청이 생길 것입니다. 잘 들리지 않게 된 것을 한탄하며 현 상황을 비관하기보다 잘 들리지 않아도 할 수 있을 법한 일을 찾으면 됩니다. 또는 언젠가 자리보전하게 될 수도 있습니다. 그때

에도 '자유롭게 걸어 다니던 때가 좋았어'라며 곱씹기보다 '누운 채로도 남들과 이야기할 수 있구나', '경치도 보고 소리도 들을 수 있네'라며 지금 할 수 있는 것을 생각하면 됩니다.

또 하나는 못 하게 된 것을 어디까지 개선 가능한지 검토해보는 것입니다. 만약 난청이 생겼다면 보청기를 끼면 되고, 화장실을 자주 가게 되었다면 기저귀를 사용하면 됩니다. 못 하게 된 자신의 상황을 그대로 인정하고, 무언가의 도움을 받는 것을 흔쾌히 받아들입니다. 그러면 못 하는 것을 할 수 있게 될뿐더러 미래가 열려 즐거움도 늘어납니다. 한심하거나 부끄럽다고 생각할 필요는 없습니다.

여기서 중요한 것은 '못 하게 된 자신을 받아들일 수 있는지', '못 하게 된 자신을 용납할 수 있는지'와 같은 마음의 문제입니다.

'지금까지 잘했으니 못할 리가 없어', '열심히 하면 무조건 되지', '도와달라고 할 수는 없어'와 같이 쇠약해진 자신을 인정하고 싶어 하지 않는 사람이 많습니다. 인간은 누구나 나이가 들면 머리로는 이해해도 '나는 아냐', '아직 일러'라고 생각해버립니다. 하지만 여기서 고집을 부린다 한들 '대단하다'고 인정받지 않습니다. 열심히 해도 한계는 있습니다. 무엇보다 자신이 괴로울 뿐입니다.

나이가 든 현실을 마주하세요. 열심히 하면 무조건 됐던 과거의 자신과 비교하는 일은 그만두세요. 더 나이가 들면 언젠가는 쇠약해진 자신을 인정해야 할 날이 올 것입니다. 그렇다면 빨리 인정하는 편이 훨씬 편합니다. 그런 다음 할 수 있는 것을 늘려가는 편이 좋지 않을까요? '지금 할 수 있는 것을 무리하지 않는 선에서 즐기자', '편리한 기구의 도움을 더 많이 받자'라며 느슨하고 유연하게 생각한다면 세상이 더 넓어질 것입니다.

신경 써야 할 것은
남 눈치가 아니라 내 마음입니다

최근 일본에서 고령자는 운전면허증을 자진 반납해야 한다는 풍조가 점점 확산되고 있습니다. "나는 반납했어"라고 의기양양하게 말하는 사람도 늘었습니다. 옳은 일을 했다는 자신감의 표현일지 모르겠지만, 그런 행동이 다른 사람에게는 무언의 압박이 된다는 사실은 알고 있을까요?

일본은 어디까지나 자진 반납을 권하는 방식을 취하고 있습니다. 코로나19 때도 그랬지만 다른 몇몇 나라와는 달리 나라가 책임지고 봉쇄하는 것이 아니라 왠지 모르게 따라야 하는 사회적 분위기를 조성합니다. 그리고 그것을 따르지 않으면 불편한 상황을 만들어 그 불편함을 견디지 못하는 사람들이 외출을 자제하거나 운전면허를 반납해 마치 스스로 판단한 것처럼 느끼게 하지요.

이렇게 동조 압력에 밀린 사람들은 어떻게 됐을까요? 코로나로 사회적 거리두기를 하던 사람들은 자기 행동이 정당하다는 확신을 가지고 다른 사람에게도 거리두기를 강요했습니다. 하지만 그 이면에서 우울감을 호소하는 사람이 많이 생겼습니다.

면허를 자진 반납한 사람들은 자기 행동이 마치 정의인 양 말합니다. 그런데 차가 없으면 생활 반경이 좁아지는 사람들은 그러면 밖에 나가지 않는 고령자가 됩니다. 이런 상태로 몇 년이 지나면 간병이 필요한 사람이 대폭 늘어나게 될 것입니다.

결국 자신이 손해를 보는데도 어디까지나 자주적으로 행동한 것이 되어 어디에도 분노를 표출할 수 없고, 누구에게도 불만을 토로할 수 없는 분위기가 조성되는 것입니다.

우리는 타인의 눈치를 자주 봅니다. 행동할 때 먼저 타인의 시선을 기준으로 부끄러운지 부끄럽지 않은지 판단합니다. 이 '수치심'은 살아가는 데 매우 방해가 됩니다.

예를 들어 여성 중에는 나이가 들면 남에게 수영복 차림을 보이는 건 부끄럽다고 말하는 사람이 많습니다. 하지만 부끄럽다는 이유로 행동에 제약을 두면 즐거울 일도 즐겁지 않게 됩니다. 모처럼 오키나와에 갔다면 해변에 나가 마음껏 즐기는 편이 당연히 좋겠지요.

머리카락을 갈색이나 금발로 염색하거나 화려한 옷을 입는 것도 창피하다며 꺼리는 사람들이 있습니다. 어째서 자신의 마음보다 타인의 시선을 더 중요하게 생각하나요? 자신을 먼저 만족시켜야 하지 않을까요? 애초에 타인은 여러분을 그렇게 신경 쓰지 않습니다.

아무리 해도 타인의 시선이 신경 쓰이는 사람은 자기 자신이 타인의 행동에 눈살을 찌푸리는 경우가 많은 사람일지도 모릅니다. 자신이 부끄러워 못 하니 다른 사람도 하면 안 된다고 생각하는 것이지요.

"나이도 많은 사람이 저런 차림을 하다니"라고 말하는 사람은 그렇게 생각하는 것이 아니라 자신이 듣기 좋은 말을 하는 것일 뿐, 사실 부러워하고 있는 것은 아닐까요? 나이가 드는 것이나 자기가 원하는 대로 행동하는 것은 전혀 부끄러운 일이 아닙니다. 자신의 기분을 있는 그대로 표현하지 못하는 쪽이 더 부끄러운 것입니다.

2장

가벼운 마음으로
지금부턴 편하게 걸어요

인생의 무게를 덜어내는 유연한 마음가짐

당신은 편한 방법과 정석이지만 어려운 방법이 있다면 어느 쪽을 선택하나요? '편하게 하는 것은 비겁해', '험한 길을 가는 편이 배울 점이 많아'라는 생각에 나도 모르게 가시밭길을 선택하고 있지는 않은가요?

확실히 지금까지의 인생에서는 험한 길을 선택해서 성장해왔다고 느낄지 모릅니다. 하지만 간단한 방법을 초장부터 피하고 무의식적으로 어려운 길을 선택하는 습관이 있다면 다시 한번 생각해보세요.

편한 길을 선택하는 것은 결코 비겁한 행동이 아니며 게으른 선택도 아닙니다. 그뿐 아니라 모든 일을 효율적으로 진행하기 위한 효과적인 수단입니다. 우선 '편한 길은 게으르고 비겁한 것'이라는 고정관념을 버립시다. 나이가 들수록 오히려 편한 길을 선택하는 것이 정답입니다. 그편이 더 좋은 결과를 얻을 수 있기 때문입니다.

나이가 들면 체력도 떨어지고 집중력도 약해집니다. 그런 상태에서 예전처럼 모든 일을 진행한다면 당연히 시간이 소요되고 성과의 질은 떨어집니다. 제대로 하지 못한 자신, 만족스럽지 않은 결과에 짜증이 나고 스트레스만 쌓일 뿐입니다.

'다소 힘들어도 험한 길을 가야지', '열심히 하면 어떻게든 돼'라는 사고방식은 이제 통하지 않습니다. 좋은 결과를 남기고 싶다면 최대한 편하게 성과를 높이는 방법을 찾아보세요. 오랫동안 열심히 해온 경험치가 있으니 편하게 할 작정이었더라도 나쁘지 않은 결과를 얻게 될 것입니다.

인생은 각자 편한 대로
살아가는 것

옛날이야기지만 저는 27세 때 《수능의 요령》이라는 책을 쓴 적이 있습니다. 고등학생 때는 열등생이었던 제가 현역으로 도쿄대 의학부에 당당히 합격할 수 있었던 효율적인 공부법을 소개한 책입니다.

'입시 공부는 기초부터 차곡차곡 쌓아야 하는 것'이라는 당시의 상식을 깨부수고 성적 상승으로 이어지는 입시 공부 비결을 전수한 것인데, 1980년대 후반 당시에는 아직 스파르타 교육법이 남아 있던 탓에 '그런 방법은 아이들을 바보로 만든다', '생각할 힘을 빼앗는다'라는 혹평도 받았습니다.

더 오래전 스포츠 세계에는 '연습 중에 물을 마시면 안 된다'는 말이 있었습니다. 하지만 이후 '그것은 잘못 전해진 이야기다', '물은 마시는 편이 좋다'라고 부정하게 되었죠. 그런데도 공부에 관해서는 옛날 사고방식이 뿌리박혀 있어 '성적이 안 오르면 더 공부해야지'라는 근성론이 활개를 쳤습니다. 아니, 당시뿐만 아니라 지금도 여전히 그런 경향이 있습니다. 그런데 냉정하게 생각해보세요. '열심히 공부했는데도 성적이 오르지 않는다는 것은 방법이 잘못되어서가 아닐까'라고 왜 생각하지 않는 것일까요?

'성과가 나오지 않는 이유는 노력이 부족해서'라는 생각은 아무런 해결책이 되지 않습니다. 그런 방법으로 공부를 계속하면 성적도 별로 오르지 않을뿐더러 더더욱 괴롭기만 할 것입니다. 그렇다면 더 무리하지 않으면서 편하고 효과적인 방법을 찾으면 되는 것입니다.

편한 방법이라고 하면 '게으름', '농땡이', '꼼수를 부린다'라는 이미지가 떠오를지도 모릅니다. 하지만 결코 그렇지 않으며 힘들거나 괴롭지 않고 몸이나 마음에 부담을 주는 일 없이 높은 효과를 낼 수 있는 방법은 분명 있습니다. 그런데도 어째서인지 괴롭고 고통스러우며 고생하는 쪽이 옳다는 고정관념이 여전히 건재합니다. 제가 말하고 싶은 것은 늘 똑같습니다. '지금보다 더 편하게 성과를 올리는 방법을 찾자', '내가 편한 것을 인정하는 사람이 되자'는 것입니다.

제가 입시 준비를 하면서 얻게 된 철학 중 하나는 어떤 일이든 과제든 지금보다 더 편하게 결과를 낼 수 있는 방법이 반드시 존재한다는 사실입니다. 예를 들어 수학 문제를 풀 때는 처음부터 하나씩 푸는 것이 옳다고 배웠습니다. 하지만 그 방법으로 수학 문제가 잘 풀리지 않는다면 다른 방법을 생각하면 됩니다. 우선 정답을 외우고 푸는 방식을 배우면 되는 것이지요. 수학은 다양한 풀이법을 알고 있으면 머릿속 서랍이 많아지고,

그것만으로 풀 수 있는 문제의 폭이 확 넓어집니다. 장기를 두는 것과 마찬가지로 최선의 수법을 익히면 되는 것입니다.

머릿속 서랍을 늘리는 단계와 그것을 활용해 생각하는 단계를 확실히 구분해 생각해보면 처음에는 일단 해법을 철저히 외우는 편이 더 효율적입니다. 풀이법을 익힐 시간에 일부러 처음부터 직접 문제를 풀면 시간만 걸리고 효율은 떨어집니다. 하지만 그런 이야기를 하면 "그럼, 생각하는 힘이 늘지 않아"라고 하는 사람이 나타나서 마치 꼼수를 부려 높은 점수를 딴다는 듯 비아냥거립니다. 당연히 꼼수를 부리자는 말이 아닙니다. 스스로 수학을 잘할 수 있게 더 나은 방법을 선택하자는 말입니다.

어떤 길이든 좋은 결과를 내는 데에는 편한 방법이 있기 마련입니다. 지금까지의 방법을 재검토해 더 효율적으로 결과를 내는 방법을 고민해보세요. 그렇게 자기만의 효율적인 방법을 찾는 사람이야말로 인생을 더 편하게 살 수 있을 것입니다.

앞서 말했듯이 코로나19로 느슨하게 살지 못한 사람의 대부분이 건강을 잃고 지금도 알 수 없는 답답함을 느낀다고 합니다. 그런데 왜 여전히 답답함을 견디기만 할까요? 답답하다면 답답하지 않은 삶의 방식을 찾으면 그만입니다. 그거면 충분합니다.

자기 자신을 옥죄고 있던 여러 족쇄를 벗기면 됩니다. 하지만 그렇게 도저히 할 수 없다고 생각합니다. 그뿐 아니라 족쇄를 벗고 자유로워진 사람을 향해 왠지 '적당히 하는 사람이네', '요령이 좋아'와 같이 은근한 비난의 말을 하기도 합니다. 그런데 정말 '적당히'나 '요령이 좋다'가 나쁜 표현일까요?

저는 《수능의 요령》이라는 책을 썼을 때 여러 교육평론가나 교육학자에게 호되게 당한 사람입니다. 그들은 과연 지금 어떻게 되었을까요? 교육계에 살아남은 사람은 별로 없는 듯합니다. 예상되는 이유 중 하나는 시대의 변화에도 주장을 바꾸지 않아서일 것입니다. 요령 있게 공부하는 것을 인정하지 않고 근성론만 내세우다 시대에 뒤처진 사람이 많지 않을까요?

그리고 또 하나 추측되는 이유는 그 후 그들이 자신들의 주장대로 엄격한 생활 방식을 고수하다 어쩌면 우울증에 걸렸을지도 모른다는 것입니다. 당시 '공부는 근성을 가지고 해야 한다'라고 주장했으니 분명 자기 일에서도 엄격하게 몰아붙였겠지요. 체력이나 기력이 넘치던 젊은 시절에는 어떻게든 버텼겠지만, 나이가 들면서 정신적으로 궁지에 몰렸을지도 모릅니다.

그렇게 생각하면 '저 사람은 겉핥기식이야', '적당히 하네', '요령이 좋아' 같은 말을 들을 정도가 딱 좋습니다. 적어도 저는 그렇게 40년 가까이 작가로서 살아남았습니다. 여러분도 칭찬이라고 생각하면 되는 것입니다.

남이 불행하다고
내가 행복해지진 않습니다

정치인이나 연예인의 가십은 자주 큰 이슈가 됩니다. 예를 들어 불륜이 발각되어 부적절한 문자 내용이 퍼지고, 무례한 대응을 했다며 사적인 부분까지 적나라하게 폭로되어 큰 소동이 빈번히 일어납니다.

정치인이나 연예인 같은 공인은 도덕성이 요구되는 직업입니다. 그래서 종종 나쁜 짓을 한 사람을 비난합니다. 다만 제가 우려하는 것은 그 비난의 흐름에 동조하면서 마치 자기가 정의의 사도라도 된 듯 지나치게 그들을 재단하고 비난을 퍼붓는 모습입니다.

게다가 시간이 조금 흐른 뒤에 공격받던 사람에게 합당한 이유가 있었다거나 옳았다고 여겨진 사람에게 잘못이 있었다는 사실이 밝혀지면서 순식간에 여론이 역전되는 현상도 발생합니다.

불확실한 정보를 근거로 타인의 일에 관여해 누군가를 일제히 비난하는 것은 정의 구현이라 생각할지 몰라도 사실 자기 자신을 옥죄고 괴롭히는 행위입니다. '저건 안 돼', '이건 안 돼'라고 주장하는 사람이 많아질수록 세상은 더욱 숨 막히는 곳이 되고 맙니다. 게다가 그런 생각은 마찬가지로 자신을 옥죄는 것으로 이어지기 쉽습니다.

제삼자인 우리는 대부분의 가십에 흥미만 가지면 됩니다. 좋고 나쁜 것은 당사자들만이 아는 사실이니까요. 타인의 일을 두고 자기 주변의 일인 양 화를 내는 것은 스트레스나 우울증의 원인이 되고 면역력을 떨어뜨리는 요인이 되기도 합니다.

나이가 들수록 더 그렇습니다. 그러니 '그래, 그런 일이 있었구나', '유명인의 삶도 힘들겠어' 정도로 생각하며 멀리서 느슨하게 지켜보길 바랍니다.

모르면 짐작하지 말고
물어보세요

상대방에게 묻지도 않고 '이렇게 하면 상대방에게 실례다', '면목 없다'라고 자기 멋대로 판단해버리는 경우가 있습니다.

예를 들어 택시로 기본요금만 가는 것은 염치없거나 잘못된 행동이라고 생각하는 사람도 많을 것입니다. 분명 10년 전쯤만 해도 그런 말을 듣는 경우가 많았습니다. 그런데 얼마 전 택시 기사님에게 이런 이야기를 들었습니다. 최근 도쿄 하네다 공항이나 도쿄역에서 대기하고 있어도 장거리 손님은 별로 없다는 이야기였습니다. "그럼, 병원에서 기다리는 게 제일 낫지 않나요? 그대로 집까지 가는 승객이 많으니까요"라고 제가 말하자 기사님은 "아뇨, 그렇지도 않아요"라고 답했습니다.

"오후 시간대는 장거리 손님을 태워도 이쪽으로 다시 돌아오는 데 상당한 시간이 걸립니다. 그렇게 생각하면 멀리까지 가는 건 계산이 안 맞아요. 오히려 고마운 손님은 기본요금이 나올 정도로 가까운 곳에 휘리릭 가는 손님입니다. 1분에 500엔. 이런 쏠쏠한 장사도 없겠죠?"

그 말을 들은 전 깜짝 놀랐습니다. 기본요금 거리만 타면 실례라는 생각은 상대방의 사정도 모르면서 제멋대로 배려한 것일 뿐, 사실 택시 기사는 그런 손님을 고마운 손님이라고 여기고 있었으니까요. 애초부터 해선 안 되는 행동도 아니었습니다. 멋대로 상대방의 사정을 추측해서 '이건 안 돼', '저건 안 돼'라고 단정 짓는 것은 쓸데없는 참견일 뿐 그렇게까지 자신에게 엄격할 필요는 없습니다.

제대로 사과하는 어른이
지혜로운 어른입니다

저는 대대로 정치인 가문(일본은 세습 정치로 의원직뿐만 아니라 지역구도 세습한다—옮긴이)에서 태어난 사람들이 인간적으로 뛰어나다고 생각한 적은 한 번도 없는데, 단 한 가지 대단하다고 느낀 점이 있습니다. 그것은 '무슨 말을 하든 유권자는 결국 잊어버린다는 사실을 알고 있다'는 점입니다. 어떤 거짓말을 하든 어떻게 둘러대든 언젠가 유권자는 잊어버린다, 그렇게 생각하니 누구도 진정한 의미의 책임을 지지 않습니다.

몇 대에 걸친 정치인 가문에서는 대대로 부모의 가르

침을 통해 그런 감각이 당연시되었을 것입니다. 그래서 너무나 자연스럽게 '적당히 그 자리에서 얼버무리면 돼. 어차피 선거철이 되면 모두 다 잊어버리니까'라는 사고방식이 몸에 배어 있는 듯합니다.

그에 비해 과거 자민당(자유민주당, 일본 제1당으로 대부분의 총리가 자민당에서 선출되었다 — 옮긴이) 외 다른 당에서 선출된 총리 중에 "난 거짓말쟁이라고 불리는 것이 싫습니다"라면서 결국에는 정권을 놓은 사람도 있었습니다. 분명 그는 정치인 가문 출신이 아니었습니다. 대다수의 세습 정치인은 '거짓말쟁이라고 해도 신경 안 쓰면 되잖아', '어차피 모두 그런 건 금방 잊어버려'라고 하지 않았을까요?

정치인이 문제를 일으켰을 때 "지금 여기서 그만두지 않고 직무를 완수하는 것이 제 책임을 다하는 것이라고 생각합니다"라고 말하며 결코 사직하지 않는 경우가 있습니다. '무책임하다', '빨리 그만둬라'라는 의견이 올라

와도 절대 동요하지 않고 어지간한 일이 없으면 그만두지 않습니다. 그만둬야 한다는 여론에도 전혀 신경 쓰지 않는 모습에 화가 나고 못마땅했을지도 모릅니다.

이론적으로는 분명 그만두지 않고 직무를 완수하여 손해를 만회하는 편이 좋습니다. 그런데도 그들의 태도가 문제시되는 것은 말로만 '정치인으로 남아 직무를 완수하는 것이 본인의 책임'이라고 하면서 해결 방안을 모색하려는 자세는 전혀 보이지 않고, 이후에도 일하는 태도가 달라지지 않기 때문입니다.

물론 정치인 중에서도 고심하다 자살을 선택하는 것처럼 올곧은 사람도 있지만, 짊어지고 있는 무게에 비하면 별로 큰 책임을 지는 것도 아니며 일반인에 비해서도 올곧은 사람이 월등히 적습니다. 결코 정치인을 비난하려는 의도는 없습니다. 솔직히 그 무책임함에 한 나라의 국민으로서 분노를 느낄 때도 있지만, 오히려 내심 감탄하고 있습니다. 개인의 정신건강 측면에서 보면 그 뻔뻔함과 무책임함은 대단하다고 생각될 정도니까요.

아무리 나쁜 짓을 하고 평판이 나빠도 선거에서 이기면 과오가 씻기는 것이 정치계입니다. 예를 들어 과거 교제하던 여성에게 보낸 사적인 문자가 공개되는 바람에 화제에 오른 정치인이 있습니다. 여론의 뭇매를 맞고 상당한 수치심을 느꼈겠지만, 이후 선거전에서는 보기 좋게 압승하여 아무 일 없다는 듯 지사직을 계속 유지하고 있습니다.

물론 그런 이유로 정치인을 그만둘 필요는 없습니다. 그대로 계속하든 말든 상관할 일은 아니지만, 그렇다고 해도 전혀 동요하지 않는 그 태도와 강심장에는 박수를 보냅니다. '추잡해', '철면피', '역겨워', '손자에게 부끄럽지 않나'와 같은 숱한 비난을 받으며 평판이 땅에 떨어졌다 하더라도 '잃어버린 신뢰를 되찾기 위해 열심히 일하겠다'라고 사과하는 것으로 끝냅니다.

아무리 때려도 별로 데미지를 입지 않는 모습을 보고 있으면 상대방이 공인이라는 이유로 타인의 집안 사정을 이러쿵저러쿵 떠들어댄 쪽이 점점 더 허탈해지지 않을까요? '양심에 털 난 사람'이라는 말을 자주 하지만, 그 강함, 당참, 대담함에 주목해야 할 부분도 있습니다. '도저히 저렇게는 못 해'라고 생각하는 사람일수록 저렇게 해도 된다는 사실을 인정하고 최대한 따라 해보는 것도 좋은 방법일 것입니다.

그런데 애초에 왜 그런 사적인 문자가 공개되었을까요? 상대방에게 제대로 성의를 보이지 않았기 때문일 것입니다. 이른바 아름다운 이별을 하지 않았기 때문은 아닐까요? 제 상상이지만, 상대방에게 "선거에 나가야 하니 헤어지자"라며 가볍게 이별을 고하고, 그것으로 대충 무마될 것으로 생각했을지도 모릅니다. 적당히 얼버무리고 이별을 고한 뒤에 제대로 마무리하지 않았겠지요. '정말 면목 없다'라며 계속 사죄하고 성의를 보였다면 상황은 달라졌을 것입니다.

그리고 예를 갖추지 않은 것은 가족에게도 마찬가지입니다. 만약 가족에게 제대로 사과하고 '책임을 져야 하니 위자료 주는 것을 허락해주세요', '모두 나의 부덕의 소치지만 여기서 공사를 구분하지 않으면 큰 문제가 될 수 있으니 도와주세요'라고 성의를 보였다면 이렇게 큰 문제는 되지 않았을 것입니다.

느슨하게 살기 위해 중요한 점 중 하나는 문제가 될 만한 부분에 제대로 대처하는 것입니다.

예를 들어 바람을 피웠더라도 상대방에게 예를 갖춥니다. 그리고 가족에게 제대로 사과합니다. 양쪽에 진심으로 사죄하고 위자료를 주는 등 성의를 보입니다. 중요이렇게 중요한 국면에서는 제대로 된 책임을 져야 합니다.

문제가 발생했을 때 언제 누구에게 사과해야 하는지 파악하는 것도 중요합니다.

최근 유명인이 불상사를 일으켰을 때 사죄 타이밍이 살짝 어긋나는 바람에 이후의 전개가 달라진 사례를 본 적이 있습니다. 게다가 '이 정도면 괜찮겠지'라며 사태를 대충 판단하고 뒤늦게 사과해 그 뒤로 문제가 엉망진창이 된 경우가 많아 보입니다.

앞서 말씀드린 지사의 사례도 그렇습니다. 일반인이 아무리 비난한다고 한들 일일이 '제 부덕의 소치'라며 사과할 필요는 없어도 아내나 상대 여성에는 제대로 사죄해야 합니다.

즉, 느슨하게 살기 위해서는 대부분의 일은 너무 신경 쓰지 않아도 되지만 대신 필요하다고 판단될 때는 적절히 사과하고 타인의 치명적인 '약점'만큼은 절대 건드리지 않도록 주의해야 합니다.

항상 누군가에게 밉보일까 봐 긴장할 필요는 없습니다. 다만 상대방이 상처받을 만한 말은 하지 않고, 진심으로 원망할 만한 일도 하지 않으며, 진심으로 사과해야 할 때는 제대로 사과하는 등 완급 조절을 해야 합니다. 짚고 넘어가야 할 부분을 확실히 파악하는 것입니다.

필요할 때만
정신을 바짝 차리는 자세

느슨하게 살려면 평소에 항상 느슨하고 대범하게 생활하며, 필요할 때만 정신을 바짝 차리는 완급 조절이 필요합니다.

예를 들어 "남편이 전깃불 가지고 매일 잔소리해서 힘들어요"라고 하는 분이 있었습니다. 조금이라도 불 끄는 타이밍이 늦어지면 일일이 체크하면서 잔소리한다고 합니다. 잔소리 듣느라 짜증이 나는 것도 물론 스트레스지만, 정말 곤란한 것은 전깃불 끄는 데 집착한 나머지 다른 일에 소홀해진다는 점입니다.

그분 말로는 가스불에 주전자를 올려둔 걸 깜박해서 물이 다 졸아버리는 바람에 까딱하면 불이 나서 대피할 뻔한 적이 있다고 합니다. 전깃불을 끄는 것과 가스불을 끄는 것, 도대체 어디에 더 신경을 써야 할까요?

느슨하게 살지 못하는 사람은 이렇게 무언가를 신경 써야 할 때 그것만 생각하다가 마음의 여유를 잃습니다. 그리고 그 결과 진짜 중요한 것을 잊어버리고 맙니다.

전깃불을 끄지 않았다고 한들 큰 손해는 발생하지 않습니다. 하지만 가스불을 끄지 않으면 위험합니다. 이것저것 다 신경 쓰려고 노력하기보다 정말 위험한 것은 피하고, 그렇게 심각한 사태에 이르는 것이 아니라면 살짝 대충 해도 된다는 마음가짐으로 사는 편이 좋습니다.

완벽을 추구하는 사람에게는 어려울 수 있겠지만, 나이가 들면 신경 쓸 수 있는 범위도 조금씩 줄어듭니다. 그러니 세세한 부분에서는 다소 힘을 빼도 된다고 인정하는 자신이 되도록 합시다.

영화계에는 '빨리 찍는 감독', '대충 찍는 감독'이라고 불리는 영화감독들이 있습니다. 아무리 생각해도 칭찬으로는 들리지 않지요.

장면 하나하나 공들이며 생각한 대로 찍을 때까지 몇 번이나 다시 찍고, 절대 타협하지 않으며, 납득할 때까지 심혈을 기울인다. 명감독에게는 그런 이미지가 있습니다. 특히 옛 시대의 거장, 귀재, 레전드라고 불리는 감독들은 그에 관한 수많은 에피소드가 전해 내려옵니다.

그런 명감독과는 정반대에 있는 듯한 '빨리 찍는 감독', '대충 찍는 감독'으로 말할 것 같으면 이상하게도 그렇게 불리는 것에 비해 오래 살아남습니다. 게다가 대충이라는 말을 들으면서도 작품 평가가 그럭저럭 괜찮고 흥행 면에서 나름 성공할 때도 있습니다. 어째서 그럴까요?

우선 일처리가 빨라 부탁하기 쉽고 제작 일정도 잘 맞추니 의뢰하는 쪽에 부담이 없습니다. 그리고 또 하나, 영화가 흥행하기 위해 중요하다고 생각되는 핵심을 파악하고 좋은 작품으로 완성하는 기술이 있습니다.

예를 들어 클로즈업된 주인공이 굵은 눈물을 떨구며 관객의 마음을 흔드는 클라이맥스 장면을 제대로 감동적으로 연출해내는 재능이 있다면, 그것만으로도 충분히 괜찮은 작품이 되는 것입니다. 세세한 장면은 어느 정도 대충 찍더라도 관객의 기억에 남을 장면만 제대로 찍는다면 그것만으로 관객을 감동시킬 수 있습니다.

물론 영화에 국한된 이야기는 아닙니다. 중요하다고 판단되는 핵심 부분을 제대로 파악한다면 다른 부분은 대충 해도 어떻게든 마무리됩니다. 제대로 대충 하는 사람은 그 완급 조절을 잘하는 사람입니다.

그렇다면 제대로 대충 하는 건 어떻게 하는 걸까요?

분명 주변에도 대충 하는데 잘한다고 감탄하게 되는 사람이 있을 것입니다. 별로 열심히 하는 것처럼 보이지 않고 매사에 적당히 대응하는데도 왠지 평가가 높고, 성과를 내며, 대충 하는 것처럼 보이지 않는 사람이 있지 않나요? 반면 비슷하게 적당한 태도로 일하는데 사내 평가가 나쁘고 성과를 내지 못하는 사람도 있을 것입니다. 그 차이는 어디에서 오는 것일까요?

정답은 바로 대충 해도 되는 포인트를 간파할 수 있느냐 여부입니다. 똑같이 대충 하더라도 '여기는 대충 하면 안 돼'라는 포인트를 찾는 능력입니다. 어설프게 대충 하는 사람은 전부 대충 해버립니다. 그러면 당연히 일도 잘 못하고 태도도 나쁘겠죠. 저 사람은 필요없다고, 이곳저곳에서 악평을 듣게 됩니다.

제대로 대충 하는 사람은 대부분은 대충 해도 중요한 부분만큼은 제대로 합니다. '여기만큼은 제대로 해두는 게 좋아', 바꿔 말하면 '여기만 제대로 마무리하면 다른 부분은 그렇게 중요하지 않아'라는 핵심을 간파하는 것입니다. 우연히 대충 하는 모습을 목격한 사람들의 평판은 별로일지언정 그 외의 사람들이 봤을 때는 제대로 성과를 내고 있으니 절대 대충한 것으로 보이지 않고 상사는 오히려 일을 잘한다는 평가를 내릴 것입니다.

모든 일을 고만고만한 에너지로 해내기보다 완급 조절을 통해 중요하다고 판단되는 포인트만 열심히 하는 것이 제대로 대충 하는 비결입니다.

체면 차리다가 돌아오는 건
손해밖에 없습니다

제2차 세계대전 당시 전쟁 기간이 길어진 건 일본 지도자의 체면 때문이었다고 생각합니다. 어느 순간부터 전쟁에서 패배하는 것은 불가피하고 어찌할 도리가 없다는 사실을 알면서도 나라의 우두머리 중 누구도 책임을 지려고 하지 않았습니다. 무조건 이길 수 있다고 국민을 선동하는 바람에 빼도 박도 못 하게 되자 체면만 차리다가 도저히 그만둘 수 없는 지경에 이른 것은 아닐까요?

무엇보다 용서하기 힘든 부분은 끝내 특공대까지 출

동시켰다는 점입니다. 특공대는 전투기나 폭격기, 잠수함 같은 것을 탄 채로 적함에 충돌하는 것이었으니 살아돌아올 가능성이 없었습니다. 특공대로 출격한 사람은 대부분 스무 살 정도 되는 전도유망한 젊은이들이었습니다. 학생 출정으로 모인 대학생도 있었습니다. 앞으로 나라를 지탱해나갈 가장 중요한 인재들이었습니다. 그 시점에 수뇌진은 전쟁에 이길 방도가 없으며 무조건 패배할 것이라는 사실을 분명 알고 있었습니다. 냉정하게 생각하면 당시 가장 중요한 것은 전쟁 후 나라를 재건하는 일이었습니다. 그렇지 않아도 전쟁으로 한창때의 젊은이들을 잃었는데, 심지어 앞으로 일본을 위해 일할 우수하고 성실한 인재들까지 어이없이 잃은 것입니다.

특공대로 떠난 이들이 남긴 편지를 읽고, 훌륭한 문장에 감격한 사람도 많을 것입니다. 살아 있었다면 분명 전쟁 후 일본 재건을 위해 활약했을 것입니다. 그러니 과거 일본 군인들도 당장 자신들의 체면만 중시하고 앞으로 있을 나라의 미래는 생각하지 않았던 거지요. 눈앞의 일에 정신을 빼앗겨 판단력을 잃은 것이 결과적으로 큰 손해로 이어졌습니다.

이러한 점을 통해 알 수 있듯 느슨하게 살기 위해서는 지금 당장의 이익보다 앞으로의 이익을 최우선으로 생각해야 합니다. 국가 단위의 이야기가 되면 자신과는 관계없는 먼 이야기라고 느낄지도 모릅니다. 하지만 이렇게 체면을 중시한 나머지 힘들어지는 경우는 우리 주변에서도 일어날 수 있습니다. 자기 잘못을 깨달았을 때, 다른 방식이 나았다고 도중에 알아차렸을 때, 손톱만 한 자존심에 연연해하지 않고 제대로 궤도 수정을 할 수 있는지가 중요합니다.

"미안하네, 지금까지의 방식은 잘못됐어"라고 깔끔하게 인정하면 자기 마음도 편해지고 주변 사람들도 쉽게 이해해줍니다. 그리고 대부분의 일이 잘 풀리게 될 것입니다.

눈앞에 보이는 것만이
전부가 아닙니다

전쟁을 예로 들면 '확실히 저건 이상하지'라고 납득하는 사람이 많겠지요. 그런데 비슷한 상황이 우리 주변에서도 일어나고 있습니다.

예컨대 중학교 입시가 그렇습니다(일본의 중고등학교 입학은 비평준화이지만 명문대 진학률이 높은 사립학교에 입학하기 위해 초등학생 때부터 중학교 입시를 준비하는 경우가 있다 — 옮긴이).

입시 전쟁이라고 부를 만큼 치열해 정상적 판단을 할 수 없는 경우가 종종 생깁니다. 현재 일본 대도시의 중학교 입시는 매우 격렬합니다. 부모는 필사적으로 자녀를 우수 학교에 진학시키려고 합니다. 우수 학교에 가지 않으면 여기서 인생이 이미 끝났다고 생각하지요.

하지만 냉정히 생각하면 그럴 리는 없습니다. 초등학생 때 과하게 공부하라고 강요한 탓에 아이가 공부 자체를 싫어하게 되어 오히려 나중에 잘해나가지 못하는 경우도 많습니다. 중학교 입시는 끝이 아니라 시작입니다. 6년 후에는 대학 입시가 있고, 사회에 진출해서도 경쟁은 계속됩니다.

자녀의 성격을 제대로 파악하지 못한 탓에 잘못된 판단을 내리는 경우도 있습니다. 가령 1등 학교에 턱걸이로 입학하면 지금까지 초등학교에서는 반에서 1등이었어도 중학교에서는 갑자기 꼴찌가 되고 맙니다. 아이에 따라서는 난 실패한 인간이라며 열등감이 심해지고 갑자기 의욕을 잃어버리는 경우도 생깁니다. 그런 성격의 아이라면 2등 학교에 입학해 그곳에서 상위권을 유지하는 편이 낫습니다.

중학교 입시는 아이들끼리의 경쟁인데, 아이들은 발달에 차이가 있습니다. 발달이 빠른 아이에게는 유리해도 발달이 늦은 아이에게는 상당히 힘든 싸움일 것입니다. 그렇다면 중학교 입시는 일찌감치 단념하고 고등학교 입시나 대학교 입시를 목표로 중학교 공부를 선행하는 방법도 있습니다.

중학교 입시는 어떤 의미로 볼 때 특수한 공부가 필요하므로 고등학교 입시에서는 별로 도움이 되지 않는 경우가 많습니다. 좀 더 나중의 대학교 입시를 목표로 한다면 지금 눈앞에 있는 입시가 전부가 아니라는 것을 알게 됩니다.

중학교 입시를 경험한 부모 세대라면 짚이는 부분이 있지 않나요? 이후 아이의 성장을 보고 분명 그렇다고 느끼는 사람도 있을 것입니다. 그때는 왜 그렇게 열심이었는지, 왜 눈앞의 것만 필사적으로 좇았는지, 나중에 객관적으로 돌이켜보면 더 좋은 방법이 있었을 텐데 하며 후회할 수도 있습니다.

그런데 나이가 들고 그런 경험을 했더라도 여전히 나도 모르게 눈앞의 일에 정신이 빼앗기는 비극이 발생합니다. 느슨하게 살지 못하는 사람은 지금 눈앞에 있는 것이 인생의 전부라고 생각해버립니다. 눈앞의 일에 휘둘려 '지금 제대로 해야 해', '되도록 빨리 해결해야지'라고 생각합니다. 하지만 침착하게 시야를 넓혀 보면 그밖에도 여러 가지 기회가 있고 아직도 먼 미래가 있음을 깨닫게 됩니다. '인생은 길어', '지금 이기지 않아도 괜찮아', '실패해도 언젠가 잘 풀릴 날이 올 거야', '인생은 아직 많이 남았으니 기회는 또 있어'라고 생각하면 분명 편해질 것입니다.

제가 고령자 대상의 정신건강의학과 전문의로 근무하면서 뼈저리게 느낀 것은 지금 눈앞의 일에만 급급하면 나이가 들고 나서 악영향이 나타난다는 점입니다. 멀리 보고 잘해 나가면 된다, 지금 실패해도 별문제 없다는 쪽으로 좋은 의미의 태세 전환을 해보세요. 그러면 더 이상 눈앞의 상황에 전전긍긍하지 않아도 될 것입니다.

요령 있게 사는 사람들이
유연하게 삽니다

만약 일을 하는데 실적이 잘 쌓이지 않고 열심히 해도 성과가 나지 않아 고민이라면 지금처럼 그냥 열심히 하는 것이 아니라 다른 방법을 찾아봐야 합니다.

일 잘하는 사람들의 성공 비결이 담긴 책을 읽는다면 몇 가지 참고가 될 만한 방법을 찾을 수 있을 것입니다. 그럼, 일단 따라 해보세요. 여러 방법을 따라 하다 보면 아마도 지금까지와는 다른 새로운 길을 열리고, 잘되면 '이렇게 편하게 실적을 올릴 수 있구나!' 하고 눈이 번쩍 뜨일 것입니다.

다른 사람에게서 훌륭한 비결을 발견했다면 참고해서 따라 해보세요. 그 사람이 선배든 까마득한 후배든 자신이 모르는 방식을 알고 있는 사람에게서 자꾸자꾸 새로운 방법을 흡수해보는 겁니다.

느슨하게 살 수 있는 사람은 다른 말로 요령 있게 사는 사람입니다. 주변 사람들이 뻔뻔하다고 한들 다른 사람을 따라 한다고 한들 스스로 좋은 방법을 찾아서 제대로 대충 하는 사람입니다. 아무리 '느슨하게 살자', '느슨하게 일하자'라고 해도 완전히 은퇴라도 하지 않은 이상 나름의 결과를 내지 않고서는 이 말이 성립하지 않습니다.

스포츠 세계처럼 결과를 보여주어야 합니다. 아무리 노력하고 꾸준히 연습했다고 해도 어떤 결과를 냈는지가 중요합니다. 그러니까 보다 효율적인 방식이 있다고 하면 곧바로 시도해봐야 합니다.

스스로 스트레스를 받지 않고 몸도 피곤하지 않으면

서 좋은 결과를 낼 가능성이 높아지니 '대충'이라는 말에 신경 쓸 필요는 없습니다. 젊었을 때는 그냥 열심히 견뎌내던 사람도, 남보다 갑절로 노력해서 성과를 낸 사람도, 나이가 든 후까지 그런 방식을 고수한다면 심신에 부담이 될 것입니다. 앞으로의 인생을 잘 살기 위해 현명하게 대충 하는 방법을 배우시길 바랍니다.

일이든 뭐든 모든 것에 100퍼센트의 힘을 쏟으면 몸이 망가집니다. 자신을 괴롭히지 않으면서 효율적으로 좋은 결과를 낼 수 있는 사람은 상황에 맞춰 제대로 대충 하는 느슨한 사람입니다. 요령 있게 편하게 일하는 것은 게으름을 피우는 것과는 전혀 다릅니다. 게으름을 피우며 일을 전혀 하지 않는 것은 당연히 문제지만, 편하게 하는 것은 결코 나쁜 것이 아닙니다. 편하게 하면서도 일 그 자체는 제대로 평가받으면 됩니다.

자신이 해야 한다고 판단한 일에는 힘을 주고, 자신에게 맞지 않는 일은 하지 않는다는 방법도 있습니다. 앞서 말한 것처럼 입시 공부에서는 자칫 합리적이지 않은 근성론 같은 것이 활개를 치는 경우가 많습니다. 잘하는 과목을 늘리기보다 못 하는 과목을 극복하는 것이 입시 공부의 숨은 비결이라고 착각하는 사람도 있지요.

하지만 예를 들어 입학시험이라면 합격 커트라인 점수만 따면 될 것이고, 잘하는 과목이 있으면 못 하는 과목도 있는 것이 당연하며, 점수가 괜찮은 과목이 있으면 나쁜 과목이 있어도 상관없습니다. 그래도 입시 준비를 할 때는 잘하는 과목을 늘리고 못하는 과목은 어느 정도 극복해야 할 필요가 있습니다. 그런데 인생은 어떨까요? 인생에서는 압도적으로 잘하는 것을 늘리는 편이 더 유리합니다.

못하는 것을 잘하게 되는 것도 중요하지만, 못하는 분야를 극복하는 것이 성장의 증거는 아닙니다. 못하는 것을 열심히 극복한 결과가 고작 평균치 정도밖에 되지 않는다면, 못하는 분야에 악전고투할 시간에 잘하는 분야에 집중해 계속 성과를 올리는 편이 낫습니다. 그편이 자신도 편하고 조직에도 이득이 될 테니까요.

'못하는 분야를 극복할 필요는 없다'와 함께 명심해야 할 사실은 '100점 만점을 받을 필요는 없다'는 것입니다. 여러분은 모두 성실합니다. 또한 뭐든 최선을 다하겠다고 마음먹기 때문에 완벽주의에 빠지기 쉽습니다. 하지만 완벽을 추구한다 하더라도 그것을 이루어내기는 대체로 어려우니 아무리 열심히 한들 그 끝에는 씁쓸함만 남습니다.

게다가 이것저것 시도하다 중요한 부분을 대충 해버리기도 합니다. 시험을 예로 들면 항상 100점 만점을 목표로 공부한 결과가 오히려 합격점 근처에도 가지 못하는 경우입니다. 처음부터 80점만 따면 된다고 생각하면, 몇 문제는 틀려도 되니 편한 기분으로 시험을 볼 수 있습니다. 전체를 훑어보고 잘하는 문제부터 풀거나 중요한 부분에 시간을 좀 더 쓰는 전략을 세울 수도 있습니다. 잘하는 부분을 제대로 푼다면 나머지에서는 살짝 힘을 빼도 괜찮습니다. 느슨하게 산다고 해서 0점을 맞아도 되는 것은 아닙니다. 다만 100점을 노릴 필요는 없습니다. 대충 합격 커트라인을 목표로 하는 '80점 마인드'로 여유를 가지고 노력하면 되는 것입니다.

3장

지나친 관심과 배려는 그만, 이제는 내가 먼저입니다

여유롭게 관계를 유지하는 자세

"저 사람은 좋은 사람이야", "좋은 사람이 되고 싶어"라고 할 때 도대체 여기서 말하는 '좋은 사람'이란 어떤 사람일까요?

좋은 사람이라고 하면 가장 먼저 떠오르는 것이 성실한 사람일 것입니다. 성실함은 좋은 덕목으로 근면하고 훌륭한 태도와 연결됩니다. 하지만 지나치게 성실한 사람은 '당위적 사고'가 강해서 다른 사람에게도 똑같은 가치관을 요구하기 십상입니다.

자신에게 엄격한 것이 미덕이라는 생각에 사로잡혀 다른 사람에게도 그 가치관을 강요하면 주변 사람들은 점점 불편함을 느끼게 됩니다.

예를 들어 악덕 기업의 상사는 어떤 사람일까요? 부하 직원에게 무리하게 업무를 강요하거나 심각한 직장 내 괴롭힘을 하는 사람을 상상하진 않았나요? 그러나 현실에서는 의외로 성실하고 열심히 일하는 사람이 악덕 상사가 되는 경우가 많습니다. 일에 열심히 매달리다 일을 마무리하지 못하면 야근이나 주말 출근을 해서라도 성과를 올리는 사람이 바로 그런 사람입니다. 이렇게 들으니 매우 훌륭한 사람이라고 생각되지는 않나요?

그날 할 일이 끝나기 전에는 퇴근하면 안 되고 주말에 일하는 것이 당연하며 할당량은 무슨 일이 있어도 달성해야만 한다. 그런 가치관으로 성공한 사람은 자기가 해냈으니, 누구나 할 수 있을 것이라며 타인도 자신과 똑같이 헌신적으로 일하길 원합니다. 물론 다른 사람에게까지 엄격하게 할 생각은 없었겠지요. 열심히 하려는 생각이 앞선 나머지 자신에게도, 타인에게도 엄격해져서 그곳의 물을 흐리는 '좋은 사람'도 있는 것입니다.

다른 사람에게 미움받는 것을
두려워하지 마세요

좋은 사람이 되려고 주변 사람을 지나치게 배려하는 사람도 있을 것입니다. 그런 사람들은 상대방의 생각을 추측해 신경 쓰거나 지나친 억측으로 고민하다 정신적 피로에 시달립니다. 하지만 정작 상대방은 여러분이 신경 쓰고 있다는 사실을 별로 알아주지 않는 경우가 많습니다.

'이 정도라면 저쪽이 날 인정해줄까?', '이 정도면 별문제 없겠지?' 같은 추측은 대충 맞아떨어질 때가 많습니다. 상대방은 그 정도로 나에게 신경을 쓰지 않기 때문입니다.

반대로 여러분이 상대방에게 좋은 일을 했다고 생각할 때 조금은 고마워하길 바란다고 하더라도 상대방은 아무런 관심을 두지 않기도 합니다. 상대방이 기뻐할 것이라는 추측은 맞아떨어지기가 상당히 힘듭니다. 그 이유 역시 상대방이 그 정도로 신경을 쓰지 않기 때문입니다. 상대방의 반응은 생각대로 되지 않는 것, '운수소관' 정도로 생각하는 편이 좋습니다.

'이렇게 행동하면 미움받지 않을까?'라며 행동하기 전부터 남의 눈치를 보는 사람이 많은데 '미움'은 상당한 에너지가 필요한 행위입니다. 아무리 까다로운 사람이라도 부정적인 에너지를 계속 표출할 수는 없습니다.

단, 평소에는 별로 신경 쓰지 않아도 되지만 조심해야 할 부분은 상대방의 약점을 건드리는 행위입니다. 따라서 상대방이 듣기 싫어하는 말은 무엇이며, 어떤 부분을 건드리면 안 되는지, 무엇이 도화선이 되는지 제대로 파악해서 그것만 잘 피하면 됩니다.

사소한 일에 얽매이면
중요한 것을 잃게 됩니다

온갖 일에 신경 쓰고 전부 다 잘하려는 사람은 정작 중요한 부분에서 낭패를 보는 뼈아픈 실수를 자주 저지릅니다.

공황 장애나 불안 장애의 치료법인 모리타 요법에는 '사소한 일에 얽매이다 중요한 것을 잊는다'라는 말이 있습니다. 사소한 것에만 신경 쓰다 진짜 중요한 것을 놓친다는 뜻이지요. 예를 들어 대인 공포증인 사람은 자신의 얼굴이 빨개진다는 것에 너무 신경을 쓴 나머지 놀림감이 되기 싫어 사람을 만나지 않는다고 합니다. 하지만 사람을 만나지 않으면 주위로부터 더 고립됩니다. 또한, 약점을 건드려서 타인에게 미움받는 사람, 원망을 사는 사람은 일반적으로 사소한 부분은 상당히 신경 쓰는데 그것만 신경 쓰다 중요한 부분에서 실수하는 사람입니다. 평소에는 특별히 아무것에도 신경 쓰지 말고 '사소한 실수는 해도 돼'라고 생각하다 '이것만큼은 하면 안 돼'라는 부분에 중점적으로 신경 쓴다면 큰 실수는 하지 않을 것입니다. 느슨하게 살려면 사소한 부분에 너무 신경 쓰는 행동을 그만두세요.

다른 사람에게 밉보이지 않도록 항상 배려하는 사람은 멋대로 주변 사람의 기분을 추측하고 '이래서는 안 되지', '저런 행동을 해서는 안 돼'라고 단정지어버립니다. 그리고 스스로에게 족쇄를 채우지요.

멋대로 족쇄를 찬 사람은 이렇게 배려하고 있으니 다른 사람에게 무례한 행동은 절대 하지 않는다며 자신만만합니다. 그런데 아무리 배려했다고 하더라도 섣부르게 뱉은 한마디가 타인을 화나게 하거나 욱하게 만들기도 합니다. 하지만 자신은 눈치채지 못한 채 '왜 이 사람은 심기가 불편해졌지?', '왜 그날 이후로 연락을 안 할까?'라며 이상하게 생각할 뿐이지요.

아무리 배려한다 해도 화가 나는 상황은 벌어지기 마련입니다. 게다가 화내는 주체가 상대방이니 아무리 배려해도 막을 수 없을 때가 많습니다. 그보다 중요한 것은 상대방의 노여움이나 분노를 알아차리고 서둘러 진심으로 사과하는 것입니다.

너무 참아주면
나를 만만하게 생각합니다

항상 웃는 얼굴로 절대 화내지 않는 무던한 사람을 좋은 사람이라고 하는 경우도 있습니다. 무슨 말을 해도 싫어하는 기색을 보이지 않고, 무엇을 하든 빼지 않는 순하고 해맑은 사람이 모두에게 존경받는가 하면 꼭 그렇지 않을 때도 많습니다. 아무런 재미도 없고 인정할 만한 부분도 없다는 듯, 굳이 따지자면 약간 무시하는 듯 여기기도 하지요.

그런 예로 생각나는 사람은 의사의 눈치를 보는 사람입니다. 의사에게 진료에 대해 이것저것 물어보면 밉보여서 치료도 대충 할 것이라고 과도하게 걱정하는 환자가 많습니다. 의사도 사람이다보니 치료 내용에 대해 꼬치꼬치 캐묻는 환자, 약의 부작용에 대해 이것저것 물어보는 환자는 확실히 의사 입장에서는 귀찮은 환자일 것입니다. 하지만 그런 사람은 환자로서 밉보이더라도 의사에게 환자의 상태를 더 구체적으로 살피고 제대로 치료해야겠다는 경각심을 일으키게 될 가능성이 큽니다.

반면 의사 말을 잘 듣고 자신의 상태에 대해 크게 궁금해하지 않으면 의사 역시 느슨한 마음을 먹기 쉽습니다. 고분고분 의사의 말을 듣기만 하는 것이 반드시 좋은 결과로 이어진다는 보장도 없지요. 그러니 의사에게 밉보이면 안 된다고 생각하는 시점부터가 이미 손해입니다.

오래전 어느 대학병원에서 간 수술을 받은 환자 서른 명이 잇달아 사망한 사건이 있었습니다. 애초에는 여덟 명이라고 보도되었지만, 이후 비슷한 사례가 계속 발견되면서 결국 서른 명에 이르렀습니다.

유족들이 '설마 의사가 실수했겠어', '나중에 이의를 제기하는 건 비겁해'라며 미심쩍은 부분이 있어도 순순히 결과를 받아들이는 좋은 사람이 된 결과, 엄청난 사건이 세상에 드러나지 못한 채 연이어 희생자를 만들고 만 것입니다. 이상함을 느낀 유족이 바로 소송을 제기했더라면 피해가 이렇게까지 확산되지 않았을지도 모릅니다.

이처럼 '좋은 사람이 만드는 민폐'는 꽤 골칫거리입니다. 상대방을 배려한다고 부당한 상황까지 참다가는 자신만 괴로운 것이 아니라 다른 사람들도 힘들어집니다. 느슨하게 생각하지 못하고 자신의 소신만 내세우며 '난 규범을 지키는 좋은 사람이야'라고 단정하는 사람이야말로 자신이 세상을 무겁게 만드는 장본인이라는 사실을 깨닫지 못하고 있는 사람입니다.

모두가 좋아하는
사람들의 비밀

'좋은 사람이고 싶다', '남들이 좋아해줬으면 좋겠다', '모든 사람이 좋아하고 미워하지 않는 사람'이 되고 싶다고 생각할 수도 있습니다. 하지만 모든 사람에게 사랑받는다는 것은 현실에서는 절대 이루어지지 않는 이야기입니다. '남에게 미움받지 말자'와 '남이 싫어할 만한 행동은 그만두자'는 비슷한 듯 보여도 전혀 다릅니다.

'남이 싫어할 만한 행동을 그만두자'는 자신의 노력만으로 해낼 수 있습니다. 상대방 입장에서 생각해서 하면 안 되는 행동을 그만두기만 하면 됩니다.

하지만 '남에게 미움받지 말자'는 것은 자신의 노력으로 되는 일이 아닙니다. 누군가의 미움을 사지 않도록 행동한다고 하더라도 그것이 오히려 상대방의 신경을 거슬리게 만드는 경우도 있습니다.

애초에 싫어지는 이유는 다양합니다. 얼굴이 마음에 들지 않아서, 일류대 출신이라 별로라서 등 자신의 힘이 미치지 않는 이유로 미움받는 경우도 있습니다. 겉으로는 드러나지 않는 콤플렉스나 트라우마에 관련된 경우라면 더는 대안이 없습니다.

이야기가 살짝 옆길로 새는데, '남이 이해할 수 있도록 말하자'도 비슷한 경우입니다. '이해하기 쉽게 설명하자', '어렵게 말하는 것을 그만두자'와 같은 노력은 할 수 있어도 그로 인해 상대방이 여러분의 이야기를 이해할지 어떨지는 전혀 다른 이야기입니다. 그러므로 '말하면 안다'는 절대적이지 않습니다. 서로 이해해주는 상대가 있다면 행운이라고 생각하는 편이 좋을 것입니다.

왜 남의 인생에만
그렇게 엄격한가요

최근 온라인상에서의 비난이 사회문제로 대두되고 나서 타인에 대해 점점 엄격한 의견을 피력하는 사람이 늘어난 듯합니다.

자기와는 아무 상관 없는 일에도 무심결에 참견해 벌을 줬다는 생각이 들면 한순간 기분이 좋아질 수도 있습니다. 하지만 그만큼 자신에게도 엄격해지는 것입니다.

일본에서는 빚 때문에 교사가 살인을 저지른 사건이 있었습니다. 당시 해당 학교 재학생의 심리 케어가 화두였던 적이 있었습니다. 그렇지만 살인을 저지른 사람의 자녀들의 심리 케어 역시 중요하다는 사실은 간과하기 쉽습니다.

아버지가 살인을 저질렀다는 사실을 아이들이 알면 심각한 트라우마가 됩니다. 그렇게 큰 상처를 안고 있는데도 주변에서는 범죄자의 자식이라고 비난만 한다면 그로 인해 소심해지거나 성격이 비뚤어지기도 합니다. 그 결과 나중에 나약해진 마음을 버티지 못하고 범죄를 저지를 수도 있지요.

그런 일이 생기면 '범죄자의 자식은 범죄자'라고 주장하는 사람이 꼭 등장합니다. 과연 그럴까요?

아이는 아무 죄가 없습니다. 하지만 가해자 가족은 다른 의미로 가해자 본인보다 더 직접적으로 궁지에 몰리게 됩니다. 온라인상의 비난도 격해집니다. 그 결과 가해자 가족이 자살하거나 집 밖에 나가지 않거나 정신이상이 오는 등의 사례도 적지 않습니다.

일본은 가해자 가족에게 엄격한 나라라고 합니다. 이와 달리 가해자 가족을 충실하게 지원하고, 가해자 가족이 사회적으로 비난당하거나 아이가 절망감에 빠져 범죄에 뛰어들지 않도록 대책을 마련해둔 나라도 있습니다.

온라인에서 비난하는 사람들은 사실 완전한 타인입니다. 그런데도 가해자 가족까지 비난하면서 자신은 정당한 행동을 하고 있다고 믿습니다. 자신들의 행동을 두고 '좋은 일을 했어'라고 생각하고 있을지도 모릅니다.

실제로는 그 생각이 책임지지 않아도 될 사람을 궁지에 몰아 때로는 죽음에 이르게 하기도 합니다. 그 사실을 제대로 인지해야 합니다. 좋은 사람은 경우에 따라 무서운 사람이 될 수도 있습니다. 인간에게는 장점과 단점이 있다는 당연한 사실을 잊고, 나쁜 행동을 한 사람은 비난해도 된다고 착각해 무서운 짓을 저지르게 되는 것입니다. 이런 상황을 방지하려면 그 저변에 깔린 완벽을 추구하는 심리에서 벗어나야 합니다.

이기는 것보다 중요한 건
내가 더 많이 얻는 것

잘못을 인정하는 것에 거부감을 가진 사람이 많습니다.

일본 간사이 지방(일본 서쪽 지역으로 오사카와 교토 등지를 말한다 ― 옮긴이) 사람들은 '잘못을 인정해도 손해볼 건 없다'라는 사고방식을 가지고 있습니다. '잘못을 인정해서 일이 잘 풀리면 되지 않나? 이득 아닌가?'라고 생각합니다.

잘못을 인정하고 사과하는 것을 싫어하는 사람은 거의 없으므로 잘 활용하면 좋습니다. 과거 한국을 방문한 일본 전 총리가 무릎을 꿇고 사과하는 일이 화제가 되면서 일본에서 비난 여론이 들끓은 적이 있습니다(2015년 일본 전 총리 하토야마 유키오가 서울 서대문 형무소 박물관을 찾아 한국 독립운동가들에게 행해진 가혹행위에 대해 무릎을 꿇고 사죄하였다 ― 옮긴이). 하지만 제가 한국을 비롯한 외국 사람들에게 들은 바로는 호의적인 평가가 많았습니다. 제대로 잘못을 인정하고 사과하다니 훌륭하다는 평가도 있었지요. 실제로 한국과 일본의 관계도 좋아졌습니다. 이처럼 잘못을 인정하면 오히려 일이 더 잘 풀리는 경우가 많습니다.

매사 승패를 따지는 사람이 있습니다. 하지만 그 자리에서 승패를 따진다면 대체로 손해를 보기 쉽습니다. 더 멀리 보고 결과적으로 득인지 실인지를 판단해야 합니다.

평소 잘못을 인정하지 않으면서 끝내는 것에만 온통 신경을 집중하는 사람이 있습니다. 하지만 살다 보면 당연히 누군가에게 신세를 지거나 조금은 폐를 끼치게 됩니다. '고마워'라든지 '미안해'라며 마음을 표현하는 것으로 끝나는 경우도 상당히 많습니다. 그러므로 무언가 시작하기 전에 '신세 지지 말아야지', '폐를 끼치면 안 돼'라고 생각하는 것은 의미 없는 행동입니다. 평소에는 편하게 자기가 원하는 대로 해보고, 무언가 잘 풀리지 않는다면 빨리 잘못을 인정하는 편이 훨씬 효율적입니다. 잘못을 인정하는 것은 부끄럽거나 자신의 가치를 낮추는 일이 아닙니다. 오히려 서둘러 잘못을 인정하는 것이 훨씬 현명합니다.

사과하는 것은 자존심을 버리는 것이라는 편견에 사로잡혀 있는 사람도 있습니다. 하지만 그런 자존심은 얄팍하고 의미 없는 것입니다. 진짜 자존심을 지키려면 잘못을 인정하기도 해야 합니다.

보잘것없는 자존심이나 체면이 걸림돌이 되어 느슨해지지 못하거나 다른 사람에게 너그러워지지 못하는 사람도 많을 것입니다. 그 문제를 해소하면 분명 잘되리라는 것을 알면서도 자존심이나 체면을 버리지 못하는 것입니다.

'부자는 싸움을 하지 않는다', '의식衣食이 족해야 예절을 안다'라는 옛말처럼 금전적 여유가 있어야 매너를 갖출 수 있고 여유도 생기는 법입니다.

일본도 고도성장기의 풍족했던 시절에는 그런 풍조가 있지 않았을까요? 당시에는 사죄 외교에 대해 화내는 사람이 별로 없었습니다. 나라가 풍족하고 국민의 마음에도 여유가 있으니 잘못을 인정하는 것에 거부감이 없었을 것입니다.

그런데 지금은 어떤가요? 나라의 기세가 약해지자 잘못을 인정하는 것이 도무지 마음에 들지 않는다는 여론이 일고 있습니다. 강경파의 목소리가 커지고 자신들은 나쁘지 않다고만 주장하려 합니다. 일본이라는 나라가 어느새 따분한 소인배의 나라가 된 듯합니다. 제가 지금 일본의 강경 외교를 유감스럽게 생각하는 이유도 스스로 소인배가 되기를 선택한 것처럼 보이기 때문입니다.

소인배일수록 잘못을 인정하지 못하는 것은 인간관계

에서도 마찬가지입니다. 인간은 마음에 여유가 없으면 잘못을 인정하지 못합니다. 다른 나라에 잘못을 인정하고 사과하는 것이 패배라고 생각하는 사람이나 억지를 부리며 잘못을 인정하지 않는 사람은 아마도 북한처럼 자기 자신에게 여유가 없을 것입니다. 솔직하게 사과하면 그만인 것을 하지 못하는 것이지요.

사죄 외교, 저는 대단히 훌륭하다고 생각하지만, 확실히 지금은 강경 외교 쪽이 표심을 얻기 쉬울 것입니다. 제가 만약 정치인이라면 유권자에게 확실히 이렇게 말하겠습니다.

"다른 나라에 잘못을 인정하고 사과하면 확실히 여러분의 자존심에 금이 갈 것입니다. 하지만 여기서 실익을 얻어 나라가 강해지는 편이 더 이득입니다. 그러니 부디 힘을 실어주시지 않겠습니까?"

하지만 잘못을 인정하지도 못하는 사람에게 이런 이야기를 한들 이해받기는 쉽지 않겠지요. 잘못을 인정하는 사람이 인간으로서 더 성장할 수 있고, 결과적으로 주변의 평가가 높아지며, 인간관계도 잘 풀려 인생이 편해진다는 사실을 먼저 알아야 합니다.

자존심은 자기 마음속에 있는 것입니다. '잘못을 인정해도 손해가 아니다'라는 오사카 상인은 결코 자존심을 버리는 것이 아니라 그렇게 하는 편이 이득이며 현명하다는 생각에 자존심을 지키려는 일환으로 잘못을 인정하는 것입니다. 이것이 바로 '초라해 보이는 사람에게도 공손히 대하면 손님은 저절로 따라온다'는 장사의 기본에 충실한 일류의 자존심입니다.

겉마음과 속마음이
서로 다를 때

할머니가 오사카 상인이라 전 어릴 적부터 '잘못을 인정해도 손해볼 것은 없다'라든지 '아부를 싫어하는 바보는 없다'라는 말을 들으며 자랐습니다. 아부는 환심을 사는 것으로 '누구나 칭찬받으면 기분이 좋아지니 깊이 따지지 말고 칭찬하면 된다'는 뜻이지요.

아부가 나쁘다고 생각할 수도 있지만, 그 본질을 들여다보면 매우 효과적인 처세술입니다. 속으로 그 정도는 아니라고 생각하더라도 상대방을 치켜세우고 칭찬하는 것이기에 자신의 자존심을 파는 행위는 아닙니다.

겉으로 드러나는 태도와 달리 속으로는 무엇을 생각하든 자유입니다. 속으로는 '이 인간 바보네'라고 생각해도 전혀 상관없지만, 그것이 말로 튀어나와버리면 문제가 되겠지요. '이 자식 한 대 때려버릴까'라고 생각하는 것은 자유여도 섣불리 주먹을 든다면 범죄가 됩니다.

이런 '내적 자유'가 매우 중요합니다. 예를 들어 다른 나라를 보고 '저 나라는 언론의 자유가 없어 안타깝네'라고 생각한 적도 있을 것입니다. 그런데 분명 겉으로는 언론의 자유가 없어 보여도 각자 '내적 자유'는 가지고 있습니다.

국가 원수가 바뀌면 정세가 바뀌는 경우가 자주 있는데, 그러면 '사회정세가 바뀔 때까지는 이대로 가만히 있자', '다음 시대를 준비해야지'라고 마음속으로 생각하기 쉽습니다. 비록 속으로는 현 정세를 비판하고 싶어도 그것이 상책이 아니라는 생각이 들면 겉으로는 얌전히 따르는 것입니다. '난 영혼은 팔지 않아'라고 생각하면 겉으로는 어느 정도 참을 수 있게 됩니다.

인간관계도 마찬가지입니다. 예를 들어 누군가를 따를 때 성실한 사람은 겉과 속이 같아야 한다고 생각하기 쉽습니다. 하지만 '지금은 밉보이기 싫으니까 웃자', '이 사람은 적으로 돌리지 않는 편이 나으니 가만히 있자'라며 일단은 적당히 맞장구를 치거나 실실 웃으며 머리를 굽실거려도 되지 않을까요?

다만 지금은 상황에 맞춰 적당한 태도를 취하고 있어도 '진짜 내 생각은 달라', '사실은 이렇게 하고 싶어'와 같이 제대로 '자신의 의견'이 있어야 한다는 사실은 잊으면 안 됩니다.

주변에 맞추는 것이 좋은 사람의 조건이라는 생각에 타인에게 맞추는 것이 주목적이 된 사람은 속마음을 숨겨야 한다고 생각할 수 있습니다. 하지만 속마음은 있는 속마음 그대로 바꿀 필요가 전혀 없습니다. 밖에서 타인을 대할 때는 다소 답답할 수 있지만, 집에 돌아오거나 속마음을 드러낼 수 있는 친한 사람과 함께 있을 때는 훨씬 편해질 것입니다.

인간이라면 누구나 겉과 속이 있는 것이 당연합니다. 그것을 나쁘다고 생각할 필요는 없습니다. 예를 들어 아이를 키우면서 아이가 부모에게 "○○는 정말 바보야"라고 말했다고 합시다. 그때 부모는 어떻게 반응해야 할까요? "아니야, 그런 말 하면 못써"라고 일단 부정하지는 않나요?

그런 형식적인 말은 아이도 이해하지 못할 것입니다. 우선은 "그래, 네 말이 맞아. 네가 현명해"처럼 아이가 말하는 것을 그대로 수용해야 합니다. 그다음 제대로 말하는 것입니다. "하지만 학교에서 그런 말을 하면 친구가 기분 나쁘겠지? 그러니까 밖에서는 그렇게 말하면 안 돼. 집에서만 말해야 해." 이것이 올바른 자녀 교육이라고 생각합니다. 아이의 진심을 받아들이지 않으면 아이는 집에서 속마음을 말하지 않게 됩니다.

속마음이 있는 게 당연해도 밖에서 그대로 말하면 자신이 손해를 입으니 말하지 않는 편이 현명하다고 가르

쳐보세요. 그렇게 하면 겉과 속의 감정이 다른 것은 당연하다는 감각이 자연스럽게 길러질 것입니다.

애초에 인간은 겉과 속이 다른 것이 당연한데, 왠지 다르면 안 된다고 여기는 풍조를 많이 목격합니다. 그것은 누구나 좋은 사람이 되려고 한 결과일지도 모릅니다. 아이를 키우는 부모는 아이에게 무슨 일이 있어도 네 편이라는 태도를 보여주는 것이 가장 중요합니다.

예를 들어 아이가 "그 녀석은 한 대 때리고 싶을 정도로 얄미워"라고 말할 수도 있습니다. 그럴 때도 부모는 당황하면 안 됩니다. "그렇구나, 그렇게 생각할 수도 있겠네. 그 아이는 아마 나쁜 아이겠지. 하지만 진짜 때리면 안 돼. 너한테 손해야"라고 차분하게 설명하면 됩니다. 사회에 나오면 겉과 속이 다른 것은 당연하니 어릴 때부터 그 사실을 이해시키는 편이 좋습니다.

거기서 "그런 말 하면 안 돼!", "그런 말을 하다니 실망이야!"와 같은 말로 아이를 비난한다면 아이는 부모에게 배신당했다고 생각해 부모를 신뢰하지 못하게 됩니다. 또는 '난 근본부터 썩은 나쁜 애야'라고 자책할 수도 있습니다.

부모가 아이를 대하는 태도는 매우 중요합니다. 설령 아이가 따돌림을 당하더라도 "무슨 일이 있어도 엄마 아빠는 네 편이란다"라고 말하는지, 부모가 당황해서 "친구들과 사이좋게 지내야 해", "제대로 주변 사람들에게 맞춰야지"라고 말하는지에 따라 아이가 주변 사람들에게 맞추기만 하는 사람이 될지, 곤경에 처해도 자기 자신을 잃지 않는 사람이 될지 정해질 것입니다.

확실히 속마음을 그대로 드러내며 살 수 있는 사람은 행복할 것입니다. 복이 많은 아이이거나 엄청난 천재는 어쩌면 내키는 대로 살아갈 수 있을지도 모릅니다. 하지만 보통은 그렇지 않습니다. 어쩔 수 없이 겉으로 드러내지는 않더라도 속마음을 자기 마음속 어딘가에 담아두겠죠. 그렇게 해야 직장처럼 자신을 둘러싼 환경이 바뀌어 태도가 달라진다고 하더라도 변함없이 있는 그대로의 나로서 살아갈 수 있습니다.

정신분석학자 도널드 위니콧Donald Winnicott은 그런 본심을 '참자기 True Self', 주변에 맞추는 자신을 '거짓 자기 False Self'라고 말했습니다. 위니콧은 '거짓 자기'가 있으면 안 되는 것이 아니라 그것만 남으면 안 된다고 경고합니다. 즉, '거짓 자기'는 있어도 되는 것이지요.

하지만 '참자기'는 없으면 안 됩니다. 그리고 쉽게 바뀌어서도 안 됩니다. 물론 마음이 성장함에 따라 속마음이 바뀌는 경우도 있습니다. 사람들에게 좋은 면만 보이는 것은 귀찮다고 생각하던 사람이 다른 사람을 상냥하게 대하는 편이 이득이 된다고 깨닫기도 합니다. 와다 히데키란 사람이 이런 말을 해서 처음에는 뜬금없다고 생각했을지라도 곰곰이 생각해보니 역시 그럴 수도 있겠다며 납득하게 된다면 괜찮습니다.

그런데 그런 깨달음이 없는데도 상황에 따라 마음을 휙휙 바뀌는 것은 안 됩니다. 성실한 사람일수록 "그래

도 난 자신을 속이고 싶진 않아"라고 말합니다. 하지만
그런 방식으로 잘되지 않는다면 그 족쇄를 살짝 느슨하
게 풀어 '겉과 속이 달라도 괜찮지 않을까? 내가 그것을
알고 있으니까'라고 생각하는 편이 훨씬 편하고 기분 좋
게 살아갈 수 있습니다.

4장

건강관리에도
느슨함이 필요합니다

무리하지 않는 선에서 건강을 관리하는 방법

오래도록 건강하게 살기 위해 꼭 필요하다는 생각에 종합 건강검진이나 국가건강검진을 꼬박꼬박 받는 사람이 많을 것입니다. 그리고 그 결과에 일희일비하지는 않나요?

혈압, 콜레스테롤 수치, 혈당 수치 등에서 이상 결과가 나오면 건강과 멀어졌다는 생각에 무리하게 생활 패턴을 바꾸려 들지도 모릅니다. 하지만 염분을 줄여야 한다거나 기름진 음식을 먹지 말아야 한다며 자신을 통제하면 먹는 것이 즐겁지 않아 인생이 무미건조해지고 맙니다.

건강한지 아닌지는 검사 결과나 의사가 정하는 것이 아

니라 자기 자신이 정하는 것입니다. '저건 안 돼', '이렇게 해야지'라며 제한하기보다 자기 몸과 마음이 쾌적하다고 느끼는 것이 먼저입니다.

검사 결과의 수치가 정상이 아니고 여러 병명이 붙어 있더라도 건강하게 하루하루를 보낼 수 있으니 건강하다고 생각한다면 그 사람은 건강한 것입니다. 즉 무엇이 괜찮은지, 어떤 인생을 살고 싶은지에 따라 건강한 정도가 달라지는 것입니다.

건강은 수치로만
판단할 수 없습니다

결론부터 말하자면 건강진단 수치에 일일이 신경 쓸 필요는 없습니다. 모든 결과가 정상 수치여야 할 필요는 전혀 없지요.

만약 140이었던 최고 혈압이 150이 되었다고 칩시다. 혈압을 낮춰야 한다는 압박감이 생길 수도 있지만, 그 수치만으로는 얼마나 나쁜 일이 일어날지 알 수 없습니다.

애초에 혈압은 하루에도 여러 번 오르락내리락하고, 상황이나 계절에 따라 달라진다는 사실을 알면서도, 너무 성실한 사람은 수치가 조금 높아진 것만으로도 '이런, 큰일이야'라며 당황합니다.

문제는 수치가 아니라 지금 몸속에서 일어나는 일입니다. 예를 들어 콜레스테롤 수치나 혈당 수치가 높아졌다면 그 이유가 무엇인지 살펴봐야 합니다. 수치 그 자체가 문제인 것이 아니라 콜레스테롤 수치가 높으면 혈관에 염증이 생기기 쉽고, 혈당 수치가 높으면 동맥경화가 일어나기 쉽다는 게 문제입니다.

동맥경화가 일어나면 심근경색이 일어날 위험도 커집니다. 즉, 심근경색으로 돌연사를 일으킬 우려가 있다면 심장의 관상동맥이 좁아져 있는지 살펴봐야 합니다.

검사 결과, 심장의 관상동맥이 좁아진 것을 알게 되었다면 스텐트stent라는 금속제 관처럼 생긴 기구를 넣어 좁아진 부분을 넓히는 치료를 검토하는 것이 정답입니다.

수치를 신경 쓰는 사람은 검사 결과가 정상 수치면 안심하고 심장 혈관까지는 검사하지 않겠지요. 하지만 혈액검사는 위험을 예측하기 위한 하나의 수단에 불과합니다.

그 결과, 수치가 이상하다면 수치 조절을 위해 "생활 습관을 개선해보죠", "약을 복용합시다"라는 말을 듣습니다. 하지만 정말로 위험을 피하고 싶다면 심장 혈관을 검사하면 됩니다.

실제 어떤 상태인지도 모르면서 먹고 싶은 음식을 참거나 몸에 맞지 않는 약을 계속 복용할 필요는 없습니다.

건강한지 아닌지는 검사 결과나 의사가 정하는 것이 아니라 자기 자신이 정하는 것입니다. '저건 안 돼', '이렇게 해야지'라며 제한하기보다 우선 자기 몸과 마음이 쾌적하다고 느끼는 것이 중요합니다.

애초에 건강하다는 것은 어떤 상태를 말할까요? 저는 현재 최고 혈압이 170 정도이며 혈당치는 300 정도입니다. 건강 기준 수치에 대조해보면 건강하지 않은 상태에 해당합니다. 하지만 매일 활기차고 눈코 뜰 새 없이 바쁘게 지내고 있습니다.

게다가 심부전 진단도 받았지만, 치료를 위해 이뇨제

를 먹고 있어서 대단히 상태가 좋습니다. 화장실은 자주 가지만, 다른 사람보다 빨리 걷고 신호가 눈앞에서 바뀌려고 하면 뛰기도 합니다. 그 정도의 일은 아무렇지 않게 해내고 있지요.

이런 상태를 '병에 걸렸다'고 해야 할까요? 아니면 '건강하다'고 해야 할까요? 그것은 자기가 생각하기 나름 아닐까요?

검사 결과의 수치가 정상이 아니고 여러 병명이 붙어 있더라도 건강하게 하루하루를 보낼 수 있으니 건강하다고 생각한다면 그 사람은 건강한 것입니다. 즉 무엇이 괜찮은지, 어떤 인생을 살고 싶은지에 따라 건강한 정도가 달라지는 것입니다.

건강수명의
진짜 의미

남성 81.05세, 여성 87.09세. 일본 후생노동성(사회복지나 공중위생 등을 관리하는 일본의 행정조직으로 대한민국의 보건복지부와 고용노동부에 해당한다 ─ 옮긴이)이 발표한 일본인의 2022년 성별 평균수명입니다.

남성 72.68세, 여성 75.38세. 이것은 2019년 성별 건강수명이지요.

건강수명이란 무엇일까요? 후생노동성은 이것을 '건강상의 문제로 일상생활을 제약 없이 할 수 있는 기간'이라고 정의하고 있습니다. 평균수명과 건강수명의 차이는 남성 8.37년, 여성 11.71년입니다. 후생노동성에 따르면 이 차이는 일상생활에 제약이 있는 '건강하지 않은 기간'이라는 뜻이 됩니다.

이런 결과를 보면 남성은 72세, 여성은 75세가 되면 더 이상 자유롭게 움직일 수 없고 간병이 필요한 상태가 될 것이라는 생각이 들고 불안해지지는 않나요? 남성은 약 8년, 여성은 약 12년 동안 누워서 생활하거나 간병이 필요할 정도로 불편한 생활을 해야 한다고 생각하는 사람도 많습니다. 하지만 실제로는 더 건강해 보이는 70대나 80대가 많이 눈에 띄지는 않나요? 이 건강수명이라는 숫자가 상당히 모호한 산출 방법으로 나온 것이기 때문입니다.

건강수명의 바탕이 된 데이터는 후생노동성에서 실시한 '국민생활 기초조사'입니다. 전국에서 무작위로 선발된 세대를 대상으로 3년에 한 번 실시하는 대규모 조사지요.

질문 중 '당신은 현재 건강상의 문제로 일상생활에 영향을 받고 있나요?'라는 항목이 있습니다. 이 질문에 '있다', '없다'로 대답하는 것인데, '있다'라는 응답이 '건강하지 않다', '없다'라는 응답이 '건강하다'가 됩니다. 예컨대 설문조사 같은 느낌이지요.

자신이 이 조사의 대상자라고 가정해보세요. '건강상의 문제'가 있냐고 물으면 어느 정도 나이가 든 사람은 가벼운 증상까지 포함하면 문제가 없다고 하긴 어렵다고 여깁니다. 그로 인해 무언가 영향이 있는지 물으면 '없는 것도 아니다'라고 생각하기 쉽지요.

일상생활에 영향이 있는지 없는지를 판단하는 것은 어디까지나 본인입니다. 다시 말해, '당신은 현재 건강하다고 생각합니까?'라고 설문 대상자의 생각을 묻는 질문에 불과한 것이지요. 어떤 상황이든 '나는 건강해'라고 생각하면 건강수명이 길다고 판단되며, 반대로 살짝 몸 상태가 좋지 않아 걱정하거나 매우 조심스러워하면 건강수명은 거기서 끝나게 됩니다.

예를 들어 저처럼 60대에 고혈압, 고혈당, 심부전 진단을 받아 일상생활에 불편을 겪게 되었다면 그 나이로 건강수명은 끝나버리는 것입니다. 하지만 이런 상태가 80세까지 지속되더라도 일도 하고 일상생활에 불편함도 없으니 건강하다고 생각하면 제 건강수명은 단숨에 80세로 늘어나게 됩니다. 그 정도로 주관적인 개념의 숫자입니다.

즉, 건강수명은 '내가 건강하지 않다고 느끼기 시작한 나이'라는 뜻입니다. 건강수명이라는 개념은 그 정도인 것입니다.

나이가 들면
자연스럽게 병에 걸립니다

저는 과거 도쿄도 스기나미구에 있는 요쿠후카이 병원이라는 노인 전문 병원에 근무한 적이 있습니다. 그곳에서 연간 100건 정도 사망한 고령자의 부검을 진행했습니다. 그 결과 알게 된 사실 중 하나는 '85세가 넘으면 거의 다 암에 걸린다'는 것입니다.

그런데 제가 부검한 분들이 모두 암으로 사망한 것은 아닙니다. 암이 직접 사망 원인이었던 것은 그중 3분의 1 정도로 대부분은 자신이 암에 걸렸다는 사실을 모르는 상태로 아무 고통 없이 세상을 떠나셨습니다. 다시 말해 그분들은 검사를 받지 않아서 끝까지 자신이 암에 걸렸다는 사실을 모른 채 힘든 치료로 고생하는 일 없이 건강하게 살 수 있었던 것입니다.

　병원에 다니면 건강해진다고 믿는 사람이 많지만, 꼭 그렇지는 않습니다. 이렇게 모르는 게 약인 편이 고통받지 않고 건강하게 살 수 있는 방법일지도 모릅니다. 건강검진 결과에 신경 쓰는 것만으로도 스트레스를 받기 쉬우며, 혈압이나 혈당 수치를 낮추려고 약을 먹기 시작하면 꼭 그렇다고는 할 수 없지만 높은 확률로 어지러움과 같은 부작용을 호소하는 사람이 나옵니다.

　치료를 시작하면 좋아하던 술을 끊거나 염분을 줄이기 위해 싱거운 식사를 해야 하는 등 여러 방면에서 제약을 받게 됩니다. 절제해야 한다며 자신을 엄격하게 통제하는 것이 스트레스가 되거나 식사할 때마다 우울한 기분이 밀려와 면역력을 떨어뜨리는 요인이 되기도 합니다. 그러면 혈액검사 수치 그 자체는 좋아질지언정 다른 부분에서 병이 생겨 생명에 지장을 줄 가능성이 있습니다.

사람은 누구나 100퍼센트의 확률로 죽음을 맞이합니다. 속도의 차이는 있지만 죽음은 누구에게나 공평하게 찾아옵니다. 그렇다면 비록 어느 순간 죽음이 찾아온다 하더라도 그것이 자신의 운명, 즉 하늘이 정해준 수명이라는 사실을 받아들이겠다는 각오를 다지는 것이 중요하지 않을까요?

정기적으로 건강검진이나 암 검사를 받으면 진짜 장수할 수 있는가 하면 유감스럽게도 현재까지 그런 데이터는 존재하지 않습니다. 검진이 진짜 건강에 도움이 되는지 아닌지는 아무도 모르는 상황입니다.

미국에서 이런 대규모 조사가 진행된 적이 있습니다. 최고 혈압이 160mmHg인 70세 노인을 강압제를 복용한 그룹과 복용하지 않은 그룹으로 나누고 그 후 뇌졸중 발병 확률을 추적한 조사입니다.

그 결과 강압제를 복용하지 않은 그룹 중 10퍼센트, 복용한 그룹 중 6퍼센트가 6년 이내에 뇌졸중이 발병했다는 사실을 알게 되었습니다. 그렇다면 이 숫자를 어떻게 해석해야 할까요?

매일 약을 복용했어도 6퍼센트는 6년 이내에 뇌졸중이 발병했습니다. 복용하지 않은 이들은 10퍼센트의 확률로 뇌졸중이 발병했지요. 즉, 약을 먹어 뇌졸중이 발병할 확률이 4퍼센트 감소한 것입니다.

그러나 약을 먹지 않아도 90퍼센트라는 많은 수의 사람이 뇌졸중에 걸리지 않습니다. 그리고 매일 꾸준히 약을 복용하고 있더라도 운이 따르지 않은 6퍼센트의 사람들은 뇌졸중으로 쓰러집니다. 착실하게 약을 먹은 사람 대부분은 필시 염분이나 지방질 섭취를 줄이거나 열심히 운동하며 절제된 생활을 해왔을 것입니다. 그런데도 6퍼센트의 사람들이 뇌졸중에 걸리는 것입니다.

오해가 없도록 덧붙여 말하면 뇌졸중에 걸릴 확률을 10퍼센트에서 6퍼센트로 낮추는 것은 임상적으로 상당한 의미가 있습니다. 하지만 결코 0퍼센트가 되는 것은 아니며 절반으로 낮출 수 있는 것도 아닙니다.

그 차이는 대략 4퍼센트, 그것을 어떻게 받아들일지는 각자의 몫입니다. 조금이라도 위험을 낮추는 방법이 있다는 점에 기뻐하거나, 꾸준히 약을 먹어도 결국 운명을 피할 수 없다는 현실을 받아들여야 합니다.

60세가 넘으면 '누구에게나 운명은 정해져 있으니 병에 걸려도 어쩔 수 없다'는 이른바 태세 전환과 같은 각오를 받아들일 준비를 하는 편이 좋습니다.

암에 관해서도 비슷한 입장입니다. 항암 치료를 받아 수명을 늘리거나 사망률을 낮출 수는 있지만, 결국 수술을 받거나 화학 치료를 받아도 대부분의 환자가 사망한다는 사실에는 변함이 없습니다.

현재 암은 일본인의 사망 원인 1위인데, 암으로 사망했다고 알려진 사람 중 치료를 한 번도 받지 않고 사망한 사람은 거의 없을 것입니다. 앞서 말한 것처럼 노환으로 사망한 사람을 부검해보면 나중에 암이 사망 원인이었다는 사실이 밝혀지기도 하지만, 일본에서는 대부분 부검을 진행하지 않다 보니 설령 그것이 사망 원인이었다 하더라도 통계에는 포함되지 않습니다.

다시 말해, 암이 사망 원인이라고 집계되는 사람 대부분은 치료를 받았음에도 낫지 않은 사람이라는 뜻이 됩니다. 치료를 받지 않고 암으로 사망한 고령자는 노환으로 집계되는 경우가 많을 테니까요.

노환은 호상好喪이라고 합니다. 사인이 노환이라고 알리면 남은 가족도 다행이라고 안도하지요. 다시 말해 검진을 전혀 받지 않은 상태로 일정 나이까지 산다면 노환이 된다는 뜻이기도 합니다. (참고로 현재 일본인 사망 원인 중 1위는 악성 신생물 즉, 암이며, 2위는 심장 질환, 3위는 노환, 4위는 뇌혈관 질환입니다. 노환은 2018년, 과거 1위였던 뇌혈관 질환을 대신해 3위가 되었습니다. 연령별로 보면 노환으로 인한 사망은 80~84세가 4위, 85~89세는 3위, 90세 이상에서는 당당히 1위입니다.)

병원에는
몸이 정말 불편할 때만 가세요

'유바리 패러독스'라는 말이 화제가 된 적이 있습니다.

홋카이도에 있는 유바리시는 2006년 재정이 파탄 났다는 사실이 밝혀진 후 2007년에 재정재건단체로 지정되었습니다. 시민병원이 폐쇄되고 몇몇 진료소만 남으면서 그 전까지만 해도 71개였던 병상이 19개로 대폭 감소하였고 의료기관에 가기 위한 수단이었던 무료 버스표도 사라졌습니다.

시민의 약 절반이 고령자로, 의료에 의지하고 있던 사람들이 대부분이라 시민의 건강에 악영향을 주지는 않을지 우려되었습니다. 하지만 그 후 진행된 조사에 따르면 유바리시의 고령자들은 걱정과 달리 오히려 건강해졌습니다. 상상할 수 없을 정도로 놀라운 결과가 나타난 것이지요.

사망자 수에는 변화가 없었지만, 여성 암을 제외하고 고령자 사망 원인으로 손꼽히던 '암', '심장질환', '폐렴'이 원인인 사망률이 감소했습니다. 그 대신 증가한 사망 원인은 '노환'이었습니다. 게다가 구급차 출동 횟수도 절반으로 줄었다는 데이터가 있습니다. 병상이 줄어든 결과, 몸 상태가 조금 나빠져도 바로 입원하지 않고 집에서 요양하며 천수를 누리다 간 고령자가 많아진 것입니다.

비슷한 현상은 코로나19 때도 나타났습니다. 2020년에는 아직 코로나바이러스에 대한 불안감이 커서 고령자일수록 외출을 삼갔고, 그 전만 해도 만성질환 때문에 정기적으로 병원에 다니던 사람들도 병원 진료를 줄이고 약 복용을 중단했습니다. 그로 인해 건강 상태가 악화되어 사망자 수가 증가하지는 않을까 불안한 분위기였습니다. 하지만 실제로는 2020년에 11년 만에 일본 내 사망자 수가 감소했다는 결과가 나왔습니다. 이런 사례를 통해 저는 무리하게 병원에 가지는 않아도 된다고 주장하는 것입니다.

그럼 언제 병원에 가야 할까요? 도저히 불편해서 생활을 못 할 정도의 증상이 생겼을 때 가야 한다는 것이 제 생각입니다.

예를 들어 저는 콧물이 계속 나고 기침이 나와 밤에 잠을 잘 수 없을 정도로 힘들어도 기침약이나 콧물약 그리고 마황탕(기침이나 호흡곤란, 천식 등의 호흡기 질환을 치료하는 한방 약제 — 옮긴이)을 마시고 푹 쉴 뿐 병원에는 잘 가지 않습니다. 어차피 일시적인 경우가 많고 의사에게 진찰받아 쓸데없는 병명이라도 들으면 귀찮아지기 때문입니다.

별다른 증상도 없고 특별히 불편한 데도 없는데 일부러 진찰을 받은 결과, 질환 같은 것이 발견되어 병명을 진단받는 경우가 종종 있습니다. 그러면 그때부터 치료와 함께 억압된 생활이 시작됩니다. 물론 그로 인해 치료가 잘되면 다행이지만, 낫지도 않고 컨디션만 나빠지는 어중간한 상태가 계속 이어지는 경우도 있습니다.

그렇게 계속 억압된 생활을 하면서 좋아지고 있는지 어떤지도 모르는 상태를 유지할지, 아니면 특별히 아무것도 하지 않고 자유롭게 생활하다 증상이 나오는 시점에 병을 받아들이고 대처할지, 어느 정도의 나이가 되었다면 마음을 굳게 먹고 자기 인생을 선택하는 편이 낫지 않을까요?

건강진단을 받지 않거나 검사 결과를 신경 쓰지 않기로 결심하고 몸이 점점 쇠약해지다 죽음을 맞으면 80세까지는 '심부전', 그 이상의 나이가 되면 '노환'으로 사망한 것이 됩니다. 단지 그것뿐입니다.

일본인 사망 원인 2위가 심장질환이라는 사실도 당연하게 느껴지는데, 그 이유는 진짜 원인이 밝혀지지 않을 때 붙이는 '심부전'이라는 병명이 심장질환으로 집계되기 때문입니다. 많은 사람이 두려워하는 심근경색은 심장질환의 불과 20퍼센트밖에 차지하지 않습니다.

　물론 사망 후 부검하면 어떤 병에 걸렸는지, 장기가 어떤 상태였는지 등 여러 가지를 알 수 있습니다. 하지만 그러지 않는 이상 진상은 짙은 안개 속에 있는 경우가 대부분입니다. 그래서 저는 미리 걱정하기보다 증상이 나타나 어찌할 도리가 없어 곤란하게 됐을 때 병원에 가는 편이 좋다고 생각합니다.

숨이 빨리 차는 건
위험한 신호입니다

저는 예전에 최고 혈압이 200을 넘고, 혈당 수치가 한때 600을 넘겼던 적이 있습니다. 오랫동안 혈압이 높다는 건 알고 있었지만, 특별히 아무 치료도 받지 않던 차에 몇 년 전 심장 정밀 검진에서 심장 비대증 진단을 받고 말았습니다.

심장 비대증은 심장의 근육, 즉 심근이 얇아지는 것으로 심실이 좁아지고 심장 기능이 저하되어 혈액을 온몸에 보내지 못하는 상태를 말합니다. 그대로 있으면 심부전으로 이어질 가능성도 있어 약을 꺼려하던 저도 단념하고 혈압을 낮추는 약을 복용하게 되었습니다.

하지만 혈압을 정상 수치까지 내릴 정도로 약을 먹으면 머리가 어지러워져 일상생활에 영향을 주게 됩니다. 그래서 일하는 데 지장이 없을 정도의 수치, 최고혈압 170 정도에 맞춰 복용량을 조절하고 있습니다.

그런데 몇 년 전, 비행기에서 내렸을 때 호흡이 거칠어지면서 생전 처음으로 쌕쌕거림이 있다는 것을 알게 되었습니다. 코로나19로 천식에 걸릴 리도 없고 왜 이런 소리가 나는지 이상하다고 생각했는데, 그 소리가 너무나도 신경이 쓰여서 결국 의사에게 진찰을 받게 되었습니다. 그때 심장초음파검사, 이른바 심초음파검사를 한 결과 심부전 진단을 받았습니다.

일반적으로 심부전 치료제로는 이뇨제를 처방받습니다. 이뇨제를 복용하면 혈액순환량이 줄어들어 심장이 한결 편안해집니다. 치료를 시작한 후 심부전 증상은 모두 없어졌습니다. 지금도 약을 꾸준히 먹어 좋은 컨디션을 유지하고 있지요. 쌕쌕거림처럼 불편한 증상도 없고,

50미터 정도라면 뛰는 것도 가능합니다. 일하는 데에도 전혀 지장이 없는 괜찮은 상태입니다.

심부전은 매년 환자 수가 증가하는 질환입니다. 고령자에게 많이 발생하고, 65세 이상이 되면 그 수가 훨씬 많아집니다. 저는 쌕쌕거리는 증상이 생기고 호흡이 힘들어져서 의사에게 진찰을 받았는데, 그 외에도 격하게 숨이 차거나 다리에 부종이 심해지는 증상도 있습니다.

비슷하게 숨이 차거나 쌕쌕거림이 생기는 등 호흡이 힘들어지는 병으로는 폐기종이 있습니다. 이 병도 60대 이상 남성에게 많이 나타나며 특히 담배를 피우는 사람에게 주로 발병합니다.

폐기종은 폐에 염증이 생겨 시간이 흐를수록 폐 속의 조직이 파괴되는 병입니다. 폐의 탄성이 떨어져서 숨을 내쉬어도 폐가 수축하지 않아 호흡하기 힘들어지면서 혈중 산소 농도가 줄어들게 됩니다.

파괴된 조직은 재생될 수 없기 때문에 근본적인 치료

법은 없으며 가능한 한 진행을 억제하고 괴로운 증상을 완화시키는 대증요법을 지속할 수밖에 없습니다.

일상생활이 힘들 정도가 되면 가정산소요법, 즉 집에 산소통을 설치하고 어디에 가든 산소통을 휴대해 계속 산소를 흡입하는 치료가 필요해집니다.

저희 아버지도 폐기종이었습니다. 왕년에 50개비가 든 담배 한 통을 매일 비울 정도로 애연가셨으니 무리도 아니지요. 나이가 들면서 산소흡입이 필요하게 되었는데 10년 동안 어디에 가든 휴대용 산소통을 덜컹덜컹 끌며 씩씩하게 걸어 다니시던 모습이 눈에 선합니다.

스트레스 받지 않고
약을 먹는 비결

저는 별로 의미 없는 약은 먹지 않는 편이 좋다고 생각합니다. 그런 제가 지금 납득하고 복용하고 있는 약이 몇 가지 있습니다.

먼저 심부전 치료제인 이뇨제입니다. 덕분에 화장실에 자주 가는 불편함은 있지만, 그래도 꾸준히 복용하는 이유는 몸이 편해지는 것을 느껴서입니다.

혈압을 낮추는 약은 심부전이 있으니 상태가 악화되지 않게 예방하는 차원으로 먹고 있습니다. 의사는 최고 혈압을 140으로 낮출 수 있도록 처방하지만 그만큼의

양을 먹으면 어지러워서 일상생활에 지장이 있기 때문에 혈압이 170 정도가 될 정도로 복용량을 조절하고 있습니다.

또 한 가지, 예방을 위해 먹고 있는 것은 중성지방 수치를 낮추는 약입니다. 혈중 중성지방의 기준 수치는 공복 시 40~234mg/dL로, 175mg/dL 이상이 되면 고중성지방혈증 진단을 받게 되는데 과거 세 번 연속 2000이 넘는 결과가 나온 적이 있습니다.

중성지방 수치가 높으면 췌장에 악영향을 주므로 "이대로 방치하면 급성 췌장염이 올 수 있어요"라는 말에 약을 먹게 되었습니다.

급성 췌장염은 의사라면 누구나 알고 있는 '살면서 걸리는 병 중 가장 고통스러운 병'이기 때문입니다. 확실히 그것만큼은 피해야겠다는 생각에 그 약도 꾸준히 먹게 되었습니다. 제가 자주 '쓸데없는 약은 먹지 않는 게 좋다'고 말하긴 하지만, 결코 서양의학을 부정하거나 약 같은 것은 절대 먹지 말아야 한다는 뜻이 아닙니다.

혈압이나 혈당 수치, 콜레스테롤 수치를 낮추는 약처럼 사망률을 낮춘다는 근거가 없는데도 의사가 먹으라고 했다고 잘 알지도 못한 채로 먹는 것이 당연한 이 상황이 이상하다고 말하고 싶은 것입니다. 확실한 근거를 제시한 후 환자에게 복용을 권유하는 것이 이치에 맞지 않을까요?

의사가 권하더라도 먹지 않는다는 선택지도 당연히 있어야 합니다. 비록 근거가 있다 해도 앞선 사례처럼 약을 먹어도 병에 걸릴 확률이 0퍼센트가 되는 것이 아니라 10퍼센트가 6퍼센트로 줄어드는 정도라면, 그 숫자를 어떻게 해석할 것인지는 복용할 사람이 생각하기 나름입니다.

위험률이 10퍼센트에서 6퍼센트로 낮아진다면 훌륭하다, 꼭 먹어봐야겠다, 그렇게 생각한다면 먹는 편이 좋습니다. '이걸 먹고 건강해지자'라고 스스로 납득한 후 하는 행동이기 때문에 심적으로 긍정적인 영향을 미칠 수 있습니다. 또 먹지 않아도 90퍼센트가 된다면 먹지

않겠다거나 먹어도 6퍼센트가 된다면 그저 운이라고 뻔
뻔하게 생각하는 선택지도 있습니다.

　다만 '의사가 먹으라고 해서', '귀찮지만 어쩔 수 없이'
라는 성실하지만 소극적인 자세로 계속 복용하고 있다
면 그 자체가 스트레스가 될 가능성이 있습니다. 약을
먹을지 말지는 환자가 선택하면 그만입니다.

검사를 많이 받는다고
병을 막을 순 없습니다

저는 건강검진 결과에 휘둘리지 않는 편이 좋다고 생각하지만, 직장에 다니는 동안에는 정기적으로 건강검진을 받는 사람이 많을 것입니다. 은퇴 후에도 종합건강검진이나 지자체에 의한 검진을 받을 수 있는데, 어느 정도 나이가 들면 건강검진은 안 받아도 된다는 것이 제 생각입니다.

그런 제가 돌연사를 피하고 싶다면 받아두는 편이 좋다고 생각하는 것이 정기적인 심장 검사입니다.

앞서 말했듯이 건강검진에서 혈압이나 혈당 수치, 콜

레스테롤 수치를 확인하고 기준 수치가 넘으면 정상 수치로 조절하는 이유는 심근경색이나 뇌경색의 위험에서 벗어나기 위해서입니다.

그렇다면 심장의 관상동맥이나 뇌동맥 등 근본적인 부분을 검사하는 편이 더 빠르지 않을까요? 추측을 바탕으로 한 수치로 일희일비하기보다는 그편이 훨씬 건설적이며 오류가 없겠지요.

특히 추천하는 것은 심장 검사입니다. 검사 결과, 심장의 관상동맥에 동맥경화가 진행되어 협착이 발견되었다면 혈관 내 좁아진 부분에 스텐트라고 하는 금속제 원통형 기구를 넣어 혈류를 개선하는 치료를 진행합니다. 수술과 달리 혈관 속에 카테터라는 얇은 관을 투입하여 진행하는 치료라 몸에 부담이 적고 기술이 발달해 성공률도 높습니다.

돌연사 위험이 매우 높은 대동맥 박리는 혈관벽이 찢어져 발생하는 질환입니다. 급성이라면 심한 통증을 동반하지만 심장 검사로 초기에 발견한다면 수술로 치료

할 확률이 상당히 높습니다. 결국, 혈압이나 혈당 수치, 콜레스테롤 수치가 아무리 높다 한들 심장 검사를 받는 편이 더 빠르게 대응할 수 있습니다.

혈액검사 수치가 이상해도 심장 검사를 받았더니 관상동맥 협착이 전혀 없었다는 사람도 많습니다. 저도 과거 심장 검사를 두 번 받았고, 두 번 다 이상이 없었습니다. 반대로 혈액검사 수치는 정상 범위였어도 관상동맥 협착이 발생한 사람도 있습니다.

뇌동맥류는 뇌혈관이 얇아진 부분이 풍선처럼 부푼 것입니다. 이것이 파열되면 지주막하출혈을 일으켜 그중 절반 가까운 환자가 죽음에 이르게 되는 위험한 질환이지요. 뇌 검사로 뇌동맥류를 발견한 경우, 혈관 내에 코일을 넣는 카테터 치료로 파열을 방지하는 예방 조치를 할 수 있습니다.

다만 저는 심장 검사처럼 뇌 검사를 추천하지는 않습니다. 심장 검사는 문제를 발견했을 때 대처하면 연명 효과가 있다는 것이 기정사실화되어 있지만, 뇌 검사는 전혀 근거가 없는 데다 제 경험을 통해서도 그렇게 느끼기 때문입니다.

상당히 긴급한 동맥류가 발견되어 제대로 치료를 받는다면 연명 가능성도 있지만, 실패하면 마비가 생기기도 합니다. 여러 데이터를 살펴본 결과, 현재 뇌 검사를 받는 것은 뇌혈관 수술 실력이 뛰어난 사람과 세트여야 한다는 조건이 붙습니다.

치매 예방을 위해 뇌 검사를 받고 싶다는 사람도 있습니다. 하지만 정말 뇌 검사가 치매 예방에 도움이 되는지에 대해서는 의문이 듭니다. 영상 검사에서 발견된 뇌 위축이 곧 치매라고 할 정도로 둘 사이에 연관성이 있다고 보긴 어렵기 때문입니다. 게다가 초기에 발견한다고 진정한 의미로 치매를 예방할 수 있는 약도 아직은 없습니다.

통증은
참지 마세요

나이가 들면서 많은 사람에게 나타나는 것이 허리 통증입니다. 허리 통증은 참지 말고 치료받는 것을 추천합니다.

허리 통증의 원인은 다양한데, 고령자의 경우 약 3분의 1은 치료하기 힘들다고 합니다. 그래도 치료가 가능한 3분의 2에 들어가면 고통 없이 걸을 수 있게 되니 이후의 인생이 훨씬 편해지겠지요. 허리 통증의 치료법도 다양한데, 저는 우선 고통이나 통증을 없애주는 것을 최우선으로 생각하는 의사를 만나야 한다고 생각합니다.

약이나 주사로 통증을 없앤다고 해도 어차피 임시방편이기 때문에 아무리 힘들고 괴롭더라도 참으면서 근본적인 치료를 받고 싶은 사람도 있을 것입니다. 하지만 그렇게 참고 버틴다 한들 좋은 일은 아무것도 없을 뿐만 아니라 통증이 원인이 되어 걷는 자세가 이상해지거나 외출을 자주 하지 못하게 되면서 몸에 부담만 주다 오히려 병세가 악화되는 경우도 있습니다. 게다가 통증이 있으면 그것을 신경 쓰다 자기도 모르게 스트레스가 쌓이기도 합니다.

통증의 원인이 명확하지 않은 경우가 많을 것입니다. 그래도 통증이 있으면 그것을 참지 못해 신경 쓰다가 스트레스가 쌓입니다. 스트레스가 쌓이면 우울감을 느끼거나 잠을 자지 못해 스트레스가 더 커지고 통증도 더 심해지는 악순환이 생기게 됩니다. 물론 근본적인 원인을 안다면 치료하는 것이 현명하겠지만, 그렇다고 통증이 바로 사라지는 것은 아닙니다.

우선 진통제나 신경주사 등으로 통증을 줄이고 스트

레스를 없애며 평범한 생활을 하는 것에 집중하세요. 통증 치료로 평범하게 움직일 수 있게 되면 자연스럽게 통증이 사라지는 경우도 있습니다. 과거에는 허리 통증이 생기면 안정을 취하라고 했지만, 지금은 되도록 움직이는 편이 좋다는 식으로 치료법도 변화하고 있습니다.

아픔과 통증은 참아서 될 일이 아닙니다. 되도록 빨리 자신이 편해질 방법을 찾는 것, 그것이 느슨하게 사는 건강법의 핵심입니다.

의사의 한 마디에
일희일비하지 않는 마음

저는 통증을 없애주는 의사, 환자를 편하게 만들어주는 의사가 훌륭한 의사라고 생각합니다. 진찰을 받고 집에 오기만 했는데도 그것만으로 이미 피곤하고 우울해지는 의사는 피해야 합니다. 이야기도 별로 안 들어주고 약만 잔뜩 처방해주는 의사에게 가다가는 건강해지려고 하다가 오히려 스트레스만 늘리게 될 가능성이 큽니다.

통증이나 불안감이 있을 때 근처에 그 증상을 해소해주는 훌륭한 의사가 있으면 너무나 이상적이겠지만, 실제로 그런 의사는 만나기가 꽤 힘듭니다. 지금은 대부분의 의사가 '정상 수치 신봉자'이자 '검사 결과 지상주의자'가 되었기 때문입니다.

인터넷상에는 의료인 전용 정보 사이트가 있어 저도 가끔 거기서 정보를 얻고 있지만, '검사 결과 지상주의는 환자에게 도움이 되지 않는다'는 제 주장에 대한 그곳의 평판은 별로 좋지 않습니다.

'수치로 판단하기보다 환자의 몸 상태가 좋아졌는지를 살펴야 한다'는 것이 제 주장인데, 그것에 반대하는 의사의 게시글을 본 적이 있습니다. 그 글에 대한 호응은 꽤 높아서 글의 내용에 찬성하는 사람이 대략 97퍼센트에 이르고, 반대하며 제 주장에 찬성하는 의사는 3퍼센트 정도에 불과했습니다. 정말 씁쓸했습니다.

현 상황이라면 상당히 운이 좋지 않은 한 환자 지상주의를 표방하는 훌륭한 의사를 만날 확률은 낮지 않을까요? 설령 "처방된 약을 먹으면 속이 울렁거리는데 바꿔주실 수 있을까요?"라고 공손히 부탁한다 해도 진지하게 대응해줄 의사가 손에 꼽을 정도일 것입니다.

솔직히 저는 이 반응에 상당히 놀랐습니다. 오랜 기간 착실하게 임상 경험을 쌓아왔다면 '정해진 양의 약을 먹으면 부작용이 생긴다'는 사람이 일정 수 존재한다는 사실을 분명 경험했을 것이기 때문입니다.

저 역시 약을 먹어 혈압을 기준 수치까지 낮추려고 하면 일상생활에 지장이 생길 정도라서 비슷하게 불편감을 느끼는 사람이 많다는 사실을 모를 수가 없습니다.

임상의를 10년, 20년 계속해왔다면 수치로는 예측하기 힘든 사태가 적지 않다는 사실도 경험했을 터입니다. 검사 결과가 모두 정상인데도 왠지 빨리 사망하는 사람도 있습니다. 그런데도 정상 수치를 신봉하는 의사가 이렇게나 많다는 사실이 한 사람의 의사로서 매우 슬플 따름입니다.

단언컨대 무리해서 병원에 가지 않아도 됩니다. 물론 괴로운 증상이 생기면 참지 말고 바로 가야 하지요. 하지만 진찰을 받아 상태가 좋아졌다면 더 이상 가지 않아도 됩니다. 증상도 없는데 병원에 가면 정상 수치 신봉자에게 휘둘려 오히려 건강을 잃는 결과에 이를 수도 있을 테니까요.

처방된 약을 먹으면 컨디션이 나빠져서 약을 끊고 싶다고 생각해도 대부분 '끊기 전에 의사에게 상담을 받으라'는 지시를 받습니다.

하지만 상담을 해도 97퍼센트의 환자는 끊으면 안 된다는 말을 들을 가능성이 높습니다. 상담할 필요가 없는 것이지요. 상태가 나쁘다면 스스로 판단해 약을 끊어도 되고, 아니면 문제가 없을 수준으로 줄여도 됩니다.

물론 그중에는 끊으면 병에 심각한 영향을 주는 약도 있습니다. 그런 경우라면 "생명에 직결될 수 있으니 복용법을 꼭 지켜주세요"라는 경고를 들었을 것입니다. 이는 곧 그런 말을 듣지 않은 약은 먹지 않아도 당분간은 괜찮다는 뜻이기도 합니다.

실제로 약을 끊어보면 대부분은 상태가 좋아지든지

나빠지든지 둘 중 하나입니다. 상태가 좋아졌다면 그대로 끊어도 됩니다. 나빠졌다면 다시 먹으면 되지요. 그렇게 자기 몸 상태로 판단하면 되는 것입니다.

영양제에 관해서도 비슷한 의견입니다. 몸에 잘 맞으면 계속 먹으면 되고, 몸에 맞지 않으면 끊으면 됩니다. 영양제를 계속 챙겨 먹는 사람에게 물어보면 대부분 "몸이 좋아졌어"라고 합니다. 어쩌면 플라시보 효과일 수도 있겠지만, 그래도 상관없지 않을까요? 여러분이 영양제를 먹고 몸이 좋아졌다고 느낀다면 그것이 가장 좋은 약입니다.

요즘 세상에 과연 환자의 이야기에 제대로 귀 기울이고 환자를 최우선으로 생각해주는 의사를 만날 수 있을까요? 아마도 만날 수 있겠지요. 정보 과잉 탓에 검사 결과 지상주의가 판을 치는 세상이 되어버렸지만, IT 분야에 어둡고 지금도 종이 차트를 쓰는 나이 든 의사 선생님 중에는 아직 훌륭한 선생님이 남아 있을지 모릅니다. 그런 의사를 만나게 된다면 정말 행복할 것입니다.

5장

나이만 먹지 말고, 여유도 같이 먹어요

불확실한 내일보다 확실한 오늘을 챙기는 마음

자신이 뚱뚱하다고 걱정하는 사람 중 98퍼센트 정도는 실제로 전혀 불안해할 필요가 없으며 제대로 먹는 것을 우선시하는 편이 좋습니다.

건강하게 살려면 면역력을 높이는 것이 중요하고, 그러기 위해서는 제대로 된 영양 섭취, 걷기 정도의 운동, 취미 생활 그리고 자주 웃는 것이 좋습니다. 그리고 스트레스를 받는 것을 가장 피해야 합니다. 체중을 줄여야 한다거나 식사를 제한해야 한다면서 매일 신경 쓰는 것만으로도 알게 모르게 스트레스가 쌓일 수 있습니다.

지금보다 조금만 더 느슨하게 살아보세요. 나이에 맞게 느슨해질 정도로 가볍게 산다면 제대로 나이를 드는 것이나 다름없습니다.

좋아하는 음식을 마음껏 먹는 게
건강의 기본

'저건 먹으면 안 돼', '이건 먹으면 안 돼' 하며 어렵게 생각하지 말고, 좋아하는 음식을 원하는 만큼 먹으면 된다고 느슨하게 생각하는 것이 건강의 기본입니다.

그래도 되도록 여러 가지 음식을 먹는 편이 좋고, 나이가 들수록 단백질을 섭취하는 편이 좋은 것은 분명합니다. 단백질이 부족하면 피부가 푸석해지고 머리카락이 빠지기 쉬우며 내장 기관 상태도 나빠집니다.

나이가 들면서 담백한 음식을 선호하게 된 사람도 있는데, 먹는 양이 줄어드는 만큼 그 내용이 중요합니다.

이제는 '탄수화물 제한'이나 '지방질 제한'처럼 특정 영양소를 제한하는 다이어트는 절대 해서는 안 됩니다.

60세부터는 되도록 가리지 않고 먹어야 건강합니다. 오히려 나이가 들면 기본적으로 고기 같은 단백질을 최대한 섭취해 콜레스테롤을 높이는 편이 좋습니다.

나이가 들면서 먹는 것이 힘들어져 저절로 살이 빠진다는 사람도 있지만, 그럴수록 열심히 먹는 수밖에 없습니다. 먹지 않으면 체력이 점점 떨어지므로 먹는 양이 적은 사람일수록 단백질을 중점적으로 섭취해야 합니다.

먹는 행위는 정말이지 건강의 기본이라는 것을 자주 실감합니다. 90대인 사람을 보더라도 가족이 "요즘 잘 먹지 못하세요"라거나 "살이 점점 빠져요"라고 한 경우에는 대부분 몇 달 사이에 운명하시는 경우가 많습니다. 그렇더라도 그분들은 그때까지 제대로 먹어온 덕분에 장수할 수 있었습니다. 이처럼 먹는 행위는 건강의 큰 지표입니다.

나이가 들면 영양 과다보다는 영양 부족으로 문제가 생기는 경우가 많습니다. 그래서 60세 이상이라면 무리한 다이어트는 금물입니다. 젊을 때는 어느 정도 영양 불균형이 있어도 괜찮지만, 나이가 들면 몸에 악영향을 미칠 위험이 커집니다.

예를 들어 '당질 제한 다이어트'를 시도하려는 사람이 있는데, 당질은 뇌의 에너지원으로 고령자가 이런 다이어트를 하면 뇌 손상이 올 수 있습니다.

무리하게 염분을 줄인 사람은 저나트륨혈증으로 인해 경련이나 의식장애를 일으킬 수 있습니다. 의식장애는 매우 위험한 증상으로 운전하다 갑자기 폭주할 위험도 있습니다.

미량의 영양소 부족이라도 나이가 들수록 그 폐해가 확실히 드러납니다. 아연이 부족하면 미각장애가 발생할 수 있습니다. 젊었을 때는 조금 부족한 정도지만, 나이가 많을수록 심각한 영향을 미칩니다. 아연 부족으로 아예 맛을 느끼지 못하게 된 사람도 꽤 많지요.

이런 영양소들을 골고루 섭취하려면 최대한 자기 몸 상태에 맞는 음식을 직접 만들어 먹는 것이 이상적입니다. 그런데 피곤하고, 의욕도 없고, 왠지 먹는 것도 귀찮고, 만들 생각이 들지 않는다면서 끼니를 거르는 것은 바람직하지 않습니다.

가끔은 편의점 도시락을 먹어도 되지 않을까요? 편의점 도시락에 들어 있는 식품 첨가물이 몸에 해롭다고 꺼리는 사람도 있지만, 들어 있다 해도 10년 후에나 20년 후, 30년 후에 영향을 줄 정도로 매우 소량입니다. 이제 우리 나이 정도라면 신경 쓸 필요가 없겠지요. 그것보다도 지금 당장의 건강을 챙기는 것이 더 중요합니다.

의학보다 영양학이 훨씬 더 건강에 이바지한다는 것이 제 지론입니다. 일본인의 체격이 좋아지고 수명이 늘어난 것도 모두 단백질을 충분히 섭취하게 된 덕분입니다.

과거 오랜 기간 일본인 사망 원인의 1위를 차지하고 불치병으로 그토록 공포에 떨게 한 결핵만 봐도 지금은 걸리는 사람이 거의 없는데, 바로 단백질을 섭취하면서 면역력이 높아졌기 때문입니다.

1951년, 결핵 대신 일본인 사망 원인 1위에 오른 것은 '뇌혈관 질환'입니다. 1950년대와 1960년대 사이에는 최고 혈압이 150, 160인 사람이 뇌출혈로 쓰러지는 경우가 많았습니다. 그런데 지금은 출혈성 뇌졸중이 대폭 감소한 대신 뇌경색이 뇌출혈의 약 두 배 가까이 발생합니다. 뇌출혈에 걸린 사람은 높은 혈압 말고도 단백질 부족으로 혈관이 쉽게 터지는데, 이제는 단백질 섭취가 늘었기 때문입니다.

일본인이 더욱 부지런히 단백질을 섭취하게 되면서 뇌혈관 질환이 점점 감소해 1981년에는 그것을 대신해 악성 신생물, 즉 암이 사망 원인 1위에 올랐습니다. 뇌혈관 질환은 점점 힘을 잃어 지금은 사망 원인 4위까지 떨어졌습니다.

일본인 사망 원인이 달라진 것은 영양 상태가 좋아진 것이 가장 큰 원인입니다. 다시 말해 영양학 쪽이 의학보다 더 장수의 근원이 된 것입니다. 100세 넘게 장수한 사람은 정말 여러 가지 음식을 잘 먹었다고 합니다. 여러분도 최대한 식욕이 왕성한 상태를 유지하세요.

살이 조금 찐 사람이
오히려 더 건강합니다

　건강진단을 하면 키와 체중을 측정하여 BMI라는 체질량지수를 산출하고 이를 생활습관병(성인병을 말하며 생활 습관의 잘못으로 생기거나 악화하는 병이다 — 옮긴이) 개선에 활용합니다. 일본에서는 병에 잘 안 걸리고 건강하다고 여기는 BMI 22를 적정 체중으로 보며, BMI 25 이상을 '비만'으로 분류합니다. (2020년 기준 대한비만학회 비만 진료지침을 보면 우리나라는 BMI 23~24.9을 비만 전 단계, 즉 과체중이나 위험체중으로 보고 있으며, BMI 25~29.9을 1단계 비만, BMI 30~34.9를 2단계 비만, BMI 35 이상을 3단계 비

만인 고도비만으로 세분화하고 있다 — 옮긴이)

BMI 22에 해당하는 적정 체중은 키 160센티미터에 56.3킬로그램, 키 170센티미터에 약 63.6킬로그램입니다. WHO(세계보건기구)의 국제 기준으로는 BMI 25 이상을 과체중, 30 이상을 비만이라고 합니다. 다만 세계 기준의 데이터를 보면 BMI가 25 이상인 사람이 장수하는 경향을 보입니다.

비만과 평균 수명간의 관계를 알아보기 위해 일본에서 성인 5만 명을 조사한 결과 40세 기준으로 평균 수명이 가장 긴 사람은 남녀 모두 BMI가 25 이상 30 미만이라는 사실이 보고되었습니다. BMI 30이라고 하면 키 160센티미터에 76.8킬로그램, 170센티미터에 86.7킬로그램 정도로 일본에서는 상당한 비만으로 여기는 체형입니다. 이 조사 결과에 따르면 일본인 중에서 체중을 줄여야 하는 사람은 그리 많지 않습니다.

그러니 자신이 뚱뚱하다고 걱정하는 사람 중 98퍼센트 정도는 실제로 전혀 불안해할 필요가 없으며 제대로 먹는 것을 우선시하는 편이 좋습니다. 건강하게 살려면 면역력을 높이는 것이 중요하고, 그러기 위해서는 제대로 된 영양 섭취, 걷기 정도의 운동, 취미 생활, 자주 웃는 것이 중요합니다. 그리고 스트레스를 받는 것을 가장 피해야 합니다. 체중을 줄여야 한다거나 식사를 제한해야 한다면서 매일 신경 쓰는 것만으로도 알게 모르게 스트레스가 쌓일 수 있습니다.

가끔 술도 즐겁게 마시면
좋습니다

젊었을 때는 술을 부어라 마셔라 하던 사람도 나이가 들면 확실히 주량이 줄어드는 경우가 많습니다. 몸이 알아서 자신의 상태에 맞게 조절해주는 것은 아닐까요?

그러니 술을 마셔서 즐겁고 기분이 좋아진다면 원하는 만큼 마셔도 된다는 것이 제 생각입니다. 다만 혼자서 마시는 것은 피하는 편이 좋습니다. 즐겁고 기분 좋게 마시는 동안에는 괜찮지만, 혼술은 아무래도 생각이 나쁜 쪽으로 흘러가기 쉽습니다.

마시면서 점점 부정적인 생각만 하게 되고, 그러면 그

생각에서 도망치려고 또 마십니다. 그러다 술이 없으면 불안해지고 맙니다. 정신을 차리고 보니 알코올의존증이 될 뻔했다는 것을 깨닫게 된 사람도 적지 않습니다. 고령자 알코올의존증은 제법 많습니다.

도무지 잠이 오지 않아 나이트캡(취침 전 마시는 술로, 일본인 중에는 불면증 해소를 위해 나이트캡을 마시는 사람이 많다 ─ 옮긴이) 목적으로 마시는 사람도 있는데 이것도 별로 추천하지 않습니다. 확실히 입면 작용은 하지만, 그것도 몇 시간이면 끊겨서 그 후에는 오히려 뇌가 활성화되고 맙니다. 그 결과 선잠을 자거나 새벽에 자주 깨게 되면서 피로가 다음 날로 이어지게 되지요. 게다가 처음에는 잘 잤더라도 점점 그 양으로는 잠이 들지 않아 조금만 더, 조금만 더 하는 사이에 점점 마시는 양이 늘어나버립니다. (수면제는 무섭고 몸에 해롭다고 생각하는데, 제대로 양을 정해서 복용하면 모르는 사이에 양이 늘어나는 것을 방지할 수 있으므로 술보다 더 안전합니다.)

혼술은 무조건 위험합니다. 누군가와 함께 식사를 하

거나 즐겁게 대화를 나누면서 마시도록 합시다. 밖에서 즐기며 마시는 것도 좋겠지요. 과음으로 몸을 가누지 못하게 되면 주변의 누군가가 알아차리고 적당한 타이밍에 그만 마시게 할 것입니다. "함께 마시고 싶은 사람이 없어요", "직장 동료 말고는 대화가 통하는 사람이 없어요"라는 사람도 있겠지만, 그럴 때일수록 그럴싸한 가게를 찾아보는 건 어떨까요? "이 나이가 되니 새 친구를 사귀기 힘드네요"라고 고민하는 사람도 씩씩하게 새로운 술집을 찾다 보면 분명 대화가 통하는 사람이 나타날 것입니다.

'모르는 사람끼리 접시를 두드리며 덩더쿵 오케사(니가타 지역의 민요 — 옮긴이)'는 미나미 하루오 씨의 대히트곡인데 지금도 그럴 기회는 많겠지요. "혼술이 더 싸게 먹혀요"와 같은 쩨쩨한 소리는 그만두세요. 유쾌한 친구도 생기고 노후의 풍요로움도 채우는 보람 있는 소비생활이 될 테니까요.

만약 지금 내가
암이라는 사실을 알게 된다면

60대 전반의 돌연사는 흔치 않아, 그런 일이 생기면 '아직 젊은데' 하는 먹먹한 기분이 듭니다. 그러나 암을 발견하는 경우는 그렇게 드문 일이 아닙니다. 그리고 그 확률은 앞으로 점점 높아지겠죠. 만약 지금 자신이 암이라는 사실을 알게 된다면 어떨까요? 60세 정도가 되면 이제 슬슬 이 문제에 대비하는 편이 좋습니다.

예를 들어 지금 저에게 암이 발견된다면 저는 어떻게 할까요? 전 아마 아무것도 하지 않고 '이것은 운명'이라고 여기며 그대로 받아들일 것입니다. 암은 의사에 따라서도 견해가 나뉩니다. 저는 '암은 운'이라고 여기는 쪽이지요.

암은 두 종류, 전이되는 암과 전이되지 않는 암이 있습니다. 이 부분은 모든 의사가 인정할 것입니다. 다만 전이되지 않는 암은 거의 없다고 생각하는 의사도 있는데, 저는 그렇게 생각하지 않습니다. 앞서 말한 것처럼 85세 이상의 노환으로 사망하신 분들을 부검했을 때 몸에 암이 없던 분은 단 한 분도 없었다는 현실을 목도하고 나니 전이되지도 않고 특별히 몹쓸 짓을 하지 않는 암도 있다고 생각하게 되었습니다. 가령 1센티미터 정도 되는 암이 조기에 발견되었다면 그 크기가 되기까지 대략 10년이나 20년은 걸렸을 것입니다. 애초에 전이되는 암이라면 그 전에 이미 전이되지 않았을까요?

10년 동안 전이되지 않은 암은 아마 20년이 지나도 전이되지 않을 것입니다. 암을 방치한 결과, 전이되어 3년 후 사망한 사람이 있다고 해볼까요? 그 사람이 수술을 했다면 암이 전이되지 않았을까요? 반대로 전이되지 않는 암이라면 그냥 둬도 괜찮고, 조금씩 커질 뿐 몸에 해롭지는 않을 것입니다. 원래 대부분의 암은 초기에는 무증상이라 손쓰기 힘들 정도가 될 때까지 발견하기 힘듭니다. 그런 식으로 생각하면 암이 발견되더라도 이제는 그냥 둬도 괜찮지 않을까 싶습니다.

'암은 운'이라고 했는데, 이 말에는 '건강은 운'이라는 뜻도 포함됩니다. 오랫동안 다양한 사람을 접하다 보니 알게 된 사실인데 부모가 장수한 사람이라면 자식도 역시 장수하는 경향이 있습니다. 암에 잘 걸리는 집안도 있지요. 그래서 어느 정도 나이가 들면 이제는 더 이상 발버둥치지 않아도 될 것 같습니다. 60세 정도가 되었다면 슬슬 운명을 받아들일 마음의 준비를 하는 것도 괜찮지 않을까요?

1950년의 일본 평균수명은 남성이 58.00세, 여성이 61.50세였습니다. 제가 태어난 1960년도에는 남성이 65.32세, 여성이 70.19세였습니다. 우리 어릴 적의 어른들은 60대에 이미 인생 말기를 맞았던 것입니다. 60세가 가까워지면 주변에서 슬슬 동년배의 부고가 날아들기 시작합니다. 건강에 대한 의식도 달라지고 노후도 진지하게 준비하게 되지요. 이런 때야말로 운명에 대해 생각해보기 딱 좋은 시기가 아닐까요?

의사가 생명을 살린다든가 수명을 늘려준다고 생각하는 사람도 있겠지만, 전이되는 암 앞에서는 의사나 의학 모두 아무런 힘이 없습니다. 치매도 마찬가지입니다.

머지않아 100세 시대가 될 것입니다. 그런데 100세 시대를 단축시키는 것은 어쩌면 의사가 아닐까요? 의사가 고령자에게 약을 과다 투약하는 바람에 100세까지 건강하게 살 수 있는 사람이 80대에 움직이지 못하게 될지도 모릅니다. 절제하지 않아도 될 암을 절제해 더 일찍 몸이 쇠약해질 수도 있지요. 그래서 어느 정도 나이가 들면 생각을 고쳐 이제 병원은 적당히 가야겠다는 마음을 먹는 것이 좋습니다. 그렇게 하면 100세까지 살 사람도 늘어나지 않을까요? 매일 병에만 신경 쓰다 스트레스가 늘어날 일도 없으니 노후도 평온하게 보내게 될 것입니다.

생각해보세요. 일본이나 세계 장수 지역에 병원이 가득한 곳이 있었나요? 주로 병원에 별로 가지 않는 사람이 많은 지역이었을 것입니다. 그러고 보면 장수하는 데 의사는 불필요한 존재가 아닐까요?

누구나 치매에
걸릴 수 있습니다

요쿠후카이 병원에서 진행했던 부검 결과에 따르면 85세가 넘어 뇌에 알츠하이머 병변이 없는 사람은 한 명도 없었습니다. 중증이든 경증이든 누구나 치매였다는 표현도 가능하겠죠.

애초에 뇌 위축은 모든 사람에게 일어나는 현상입니다. 30대 무렵부터 조금씩 시작되어 65세 무렵이 되면 누구나 CT 사진으로 위축을 확인할 수 있습니다.

그런데 임상에서는 이상하게 생각되는 경우가 많았습니다. CT 사진에서는 뇌의 위축 정도가 비슷한데 그에 비해 정신이 또렷한 사람이 있는가 하면 이미 정신이 흐려진 사람도 있었지요. 따라서 뇌가 위축되었으니 이미 늦었다고 볼 수는 없습니다. 뇌를 계속 쓰는 것이 중요하지요. 뇌를 계속 사용하면 치매 발병이나 그 후의 진행도 늦출 수 있습니다.

이런 생각은 1990년대 도쿄도 스미나미구의 요쿠후카이 병원에 있으면서 한 달에 한 번 이바라키현 가시마시의 병원에서 치매 환자의 진찰을 보는 동안 더욱 확고해졌습니다. 스기나미의 환자는 치매 증상이 점점 심해지는 반면, 가시마의 환자는 치매 진행 상태가 더딘 편이었습니다. 이유가 궁금해서 환자와 가족에게 물어보다 흥미로운 사실을 알게 되었습니다.

스기나미의 고령자는 치매 진단을 받고 나서 대체로 외출을 삼가고 대부분 집 안에서 시간을 보냈습니다. 혼자 외출했다가 길을 잃으면 사고당할 위험도 있고 지금에 비해 사회적 인식도 좋지 않아서 동네 사람들 입방아에 오르내린다고 생각했기 때문이지요. 좀 거친 표현이지만 가족에 의해 감금당한 것입니다. 지금처럼 간병 보험도 없던 시대였기에 주간보호서비스를 이용하는 것도 일반적이지 않았습니다.

하지만 가시마의 고령자는 치매 진단을 받고 나서도 생활이 크게 달라지지 않았습니다. 치매라도 예전처럼 평범하게 외출하고, 길을 잃으면 이웃이 집에 데려다주었습니다.

또 스기나미의 고령자는 일은 물론이고 손자를 돌보는 것처럼 사소한 일에서도 배제되었습니다. 그에 비해 가시마의 고령자는 예전처럼 농업이나 어업 관련한 일을 이어나갔습니다.

이런 사례를 통해 생각해보면 치매라고 진단받았더라도 원래대로 예전과 같은 생활을 계속하는 편이 좋습니다. 가족이 걱정하더라도 하고 싶은 것이나 할 수 있는 것을 되도록 제약하지 말고 자유롭게 한다면 뇌를 활발히 움직이게 해 치매의 진행이 더뎌질 것입니다.

현재 제공되는 주간보호서비스를 이용해 다양한 활동

을 해보는 것도 뇌를 움직여 뇌내 전달물질을 늘림으로써 치매 진행을 늦출 수 있습니다.

적당히 머리를 쓰는 취미가 있는 것도 좋은데, 나이가 들어 갑자기 취미를 만드는 것은 쉽지 않습니다. 언젠가는 누구나 치매에 걸린다는 생각으로 지금부터 나이가 들어도 즐길 만한 취미를 찾아보기 바랍니다.

참고로 오래전 107세와 108세로 사망할 때까지 방송에 자주 출연했던 일본 최고령 쌍둥이 자매 중 언니 킨 씨는 TV 등에 소개되기 전에는 치매 증상이 있었다고 합니다.

그러다 여기저기서 찾는 인기인이 되고 나서는 점점 정신이 또렷해졌다고 하지요. 새로운 것을 받아들이며 여러 자극이 있는 날들을 보내면 증상이 개선되기도 한다는 것을 보여주는 좋은 사례입니다.

일본에서는 75세 이상 고령자가 면허를 갱신할 경우 인지기능검사와 고령자 연수를 필수로 받아야 합니다.

하지만 차 없이는 생활하기 어려운 지역에서는 다소 치매 기미가 있어도 운전을 계속해야 하는 것이 현실입니다. 전 세계 어디든 그런 상황이지요.

인지기능검사 결과와 운전의 위험도는 별로 상관관계가 없다는 것이 제 생각입니다. 치매에 걸렸더라도 어제 할 수 있던 것은 오늘도 무난히 해낼 수 있기 때문입니다.

미국 전 대통령 고故 로널드 레이건은 퇴임 5년 후 스스로 알츠하이머 치매라는 사실을 공표했습니다. 실제로 2기 재임 중에 4년 동안 주변을 당황하게 만드는 일이 많아서 인지기능 저하에 관한 의심을 받아왔었습니다. 나중에 대통령의 아들이 사실은 2기 선거전 무렵에 알츠하이머 징후가 보였다고 밝혀 화제가 되었죠.

그것이 사실이라면 레이건 대통령은 치매에 걸린 상태로 4년 동안이나 미국 대통령으로 집권한 것이 됩니다. 하지만 그것이 이상하지 않을 정도로 경증 단계의 치매는 뭐든 해낼 수 있는 병입니다.

모두가 치매를 두려워하는 이유는 경증과 중증을 한

데 묶어서 생각하기 때문입니다. 둘 사이에는 경증 치매는 미국 대통령도 감당할 수 있지만, 중증 치매는 가족도 못 알아볼 만큼이라는 차이가 있습니다. 따라서 최대한 오랫동안 경증 치매 상태를 유지하면 됩니다. 그러기 위해서는 지금껏 하던 일을 그대로 계속하는 것이 가장 중요합니다.

나이 들면
자주 우울해지는 이유

60대 이후, 우울증이 증가하는 가장 큰 원인은 뇌내 신경전달물질인 세로토닌이 감소하는 것입니다. 세로토닌을 늘리고 싶다면 고기를 먹고 운동을 하고 햇볕을 쬐는 것이 가장 좋습니다. 그런 면에서 코로나19 당시의 사회적 거리두기는 이에 최악의 영향을 주었다고 볼 수 있습니다.

또한 제1장에서 말한 '당위적 사고', '이분법적 사고'를 하는 사람은 쉽게 우울해지는 경향이 있습니다. 이분법적 사고를 하는 사람은 가령 다른 사람을 볼 때 '적인지 아군인지' 판단하고 '저 사람은 좋은 사람', '이 사람은 나쁜 사람'이라고 일방적으로 단정합니다.

하지만 세상 사람들은 사실 모두 회색입니다. 그런데도 좋은 사람이고 자기편이라고 생각했던 사람이 조금이라도 자신을 비판하기 시작하면 갑자기 적이 되었다거나 배신을 당했다고 느끼면서 나쁜 사람이라고 단정해버리는 겁니다. 이런 사람일수록 우울증에 걸리기 쉽습니다.

TV 뉴스나 와이드 쇼(시사와 예능 등 다양한 주제에 대해 패널들이 논의하는 형식의 프로그램—옮긴이)는 어려운 주제에 대해 누구나 쉽게 이해할 만한 답을 제시하려고 합니다.

어떤 사건이 발생했을 때 당사자가 아닌 한 모르는 사실이 많고, 사실을 있는 그대로 전달만 하면 시청자는 후련해하지 않습니다. 그래서 흑인지 백인지, 정의인지 악인지 양극단으로 나눠 이해하기 쉬운 결론을 이끌어내려고 합니다.

그 결과 '러시아가 악이고, 우크라이나는 정의다'라든지 '불륜을 저지른 사람은 절대 용서하면 안 되는 나쁜 놈이다'라는 것처럼 극단적이며 단순한 논리를 전개하는 것입니다. 시대의 총아로 칭송받던 사람이 얼마 후에 상황이 뒤바뀌어 악플 테러를 당하는 경우도 종종 있습니다. 시대의 흐름에 따라가야 한다는 생각에 TV를 시청하더라도 이렇게 편향된 정보를 접하다 보면 '이분법적 사고'에 휘둘리고 맙니다.

사실 세상 대부분은 흑도 백도 아닌 회색입니다. 영웅과 악당이 있는 것이 아니라 모두 회색 그러데이션이지요. 아무리 나쁜 놈이라도 좋은 일 한두 가지는 합니다. 반대로 아무리 좋은 사람이라도 뭔가 나쁜 짓 하나쯤은 하지 않았을까요?

TV는 선정적인 이야기로 사람들의 이목을 끌어야 하는 사명이 있습니다. 그래서 바른말만 할 수는 없습니다. 정보를 얻는 수단이 다양한 지금, TV에서 전하는 정보가 무조건 옳다고 믿는 것은 그만두세요. 그런 이유로 저는 항상 '고령자는 TV를 보지 않는 편이 좋다'고 주장합니다. 보는 것만으로도 우울해지는 TV 시청은 그만두고 넷플릭스와 같은 OTT 영화를 보도록 합시다.

영화를 보면 좋은 사람이 나쁜 사람으로 변하기도 하고, 배신하거나 배신당하는 장면이 많습니다. 이를 통해 인간은 그리 단순하지 않다는 사실을 몸소 깨달으면 치졸한 이분법적 사고에 지배당하지 않게 됩니다. 제가 아는 고령자의 대부분은 자녀가 넷플릭스를 깔아주면 이제 그것만 본다고 합니다. 부모를 비롯한 주변 고령자에게 이제 TV는 그만 보고 다른 좋은 자극을 받을 만할 것을 보자고 권합시다.

오늘도, 내일도
여행하는 마음으로

60대가 되어 앞으로 행복한 고령자가 되겠다고 마음 먹었다면, 그 첫 번째로 고령자가 행복한 나라로 여행을 다녀오는 것도 좋습니다. 가장 먼저 떠오르는 지역은 북유럽이지만, 모나코 같은 곳도 추천합니다. 할머니, 할아버지가 해변에서 우아한 시간을 보내거나 고령자가 씩씩하게 페라리에서 내리는 모습 등 여유롭게 생활하는 광경을 목격하게 될 것입니다.

일본에서는 고령자 대상의 매력적인 상품이나 서비스를 좀처럼 찾아볼 수 없습니다. 고령자는 돈 쓰는 것을 싫어한다는 말을 자주 듣는데, 쓰기 싫은 것이 아니라 쓸 만한 대상을 찾지 못한 것은 아닐까요?

예를 들어 호시노 리조트가 일본 각지에서 운영하는 온천 료칸 체인 '카이界'에서는 70세 이상을 대상으로 여행 구독 서비스를 출시하는데, 매번 일찌감치 완판될 정도로 대인기라고 합니다.

나이가 들면 여행에 취미가 없어진다고 하지만, 이런 계기가 있다면 떠나고 싶은 기분이 들 것입니다. 절대 흥미가 사라진 것이 아닙니다. 기업 경영자들이 좀 더 고령자에게 관심을 가져야 합니다. 고령자 대상의 책이 이렇게나 많이 출간되는데도 TV에는 고령자 대상의 방송이 없고, 고령자를 대상으로 한 매력적인 제품도 없습니다.

고령자 대상의 상품이나 서비스를 만들려고 하니 아이디어를 내줬으면 한다는 목소리도 있으면 좋을 텐데, 적어도 그런 요청이 제 귀에 들리지 않는다는 것은 경영자가 고령자를 소비자로 인식하지 않기 때문은 아닐까요? 참 아쉬운 부분입니다.

택시 이용객도 70퍼센트 정도는 고령자일 것이라 생각합니다. 젊은 시절에 비해 가까운 거리를 이동하는 것도 힘에 부치는 고령자는 병원에 갈 때도 택시를 이용합니다. 그럼에도 택시 안에서 고령자 대상의 광고는 본 적이 없습니다.

고령자 대상의 영화도 늘어나야 합니다. 복합상영관은 대형 쇼핑몰 안에 있는 경우가 많은데 평일 낮 쇼핑몰에 가보면 그 안에 있는 사람들은 제 체감상 70퍼센트 정도가 고령자입니다. 보고 싶은 영화가 있으면 분명 사람이 더 몰려들 것입니다.

어느 정도 나이가 든 우리는 앞으로 더 나이가 들 때를 준비하며 오늘도 실험한다는 마음으로 다양한 것에 도전해봐야 합니다. 어렵지는 않습니다. 살면서 지금껏 해보지 않은 무언가를 시도해보는 것입니다.

길을 가다 사람들이 줄을 서 있는 라멘 가게를 발견했

다면 '어차피 그렇게 맛있지도 않을 텐데'라고 시니컬하게 생각하지 말고 일단 줄을 서서 직접 먹어보세요.

한 시간이나 기다려 겨우 먹었는데 예상보다 맛이 없었다고 해도 손해 보는 것은 한 시간 정도의 시간과 1만 원 정도의 재산뿐입니다. 시도도 안 해보고 부정하기보다는 '먹어봤는데 역시 그저 그렇더라'와 같이 경험적 지식을 얻는 편이 훨씬 발전적입니다.

지금까지 인생에서 실패할까 봐 두려워하며 살아온 사람이 많을 것입니다. 그러나 이런 일상 속 약간의 실험이 실패한다고 해도 아무런 문제는 없습니다. 아니, 오히려 실패한다는 것 자체가 새로운 체험이며 즐거움이 될 것입니다.

지금까지는 멀리했던 화려한 옷을 입어봐도 좋고, 평소에는 지나가지 않을 길을 지나가보는 것도 좋습니다. '어차피 재미없을 텐데'라고 생각하던 젊은 작가의 책을 읽어보거나 '난 못 해'라고 생각하던 것에도 도전해보세요.

"어차피 별 내용 없어", "저런 게 재미있을 리가 없잖아"와 같이 행동하지도 않고 부정적인 표현만 한다면 늙어서 자기 고집만 세질 뿐입니다.

'하고 싶은 것을 자유롭게 해본다', '하나도 못 해도 된다', '어느 정도 실패해도 괜찮다', '바로 그만둬도 되고 질질 끌어도 된다', '성공하지 않아도 괜찮다', '남의 시선은 신경 쓰지 않는다', '남과 비교하지 않는다' 그런 자세가 즐겁고 느슨한 삶으로 이어집니다. 우선 무엇이든 거부하지 말고 있는 그대로 받아들이세요.

좋아하는 와인, 좋아하는 브랜드, 좋아하는 차 등 자기가 좋아하는 것은 좋다고 말하는 취향은 있어도 되지만, 그것만 좋고 다른 것은 싫다고 단정 짓는 대신 다른 것에도 관심을 가져봅시다.

예를 들어 요즘 자주 다니는 그럭저럭 맛있는 레스토랑이라도 '맛은 있는데 늘 비슷해서 슬슬 질리는 것 같아'라고 느꼈다면 새롭게 자극받을 만한 가게를 다시 찾아보세요. 나이가 들면 자유 시간도 늘어나니 항상 정해진 패턴대로 살지 말고, 약간의 모험을 시작해보세요.

새로 가본 가게의 맛이 좀 부족하더라도 나름 값진 경험

아닐까요?

흥미가 생기는 것에는 뭐든 도전해보면 좋은데, 살짝

맛만 보려고 했던 도박에 나도 모르게 빠질까 봐 불안해

서 주저하는 경우도 있습니다. 그럴 때는 일단 한도액을

정해두면 됩니다.

인생은 오늘도 실험입니다. 실험에는 실패가 따르는

법입니다. 예를 들어 앞서 말한 줄이 긴 라멘집이라면

실패했을 때의 손해는 대기 시간과 라멘 비용처럼 명확

합니다. 그런 식으로 비록 실패하거나 최악의 경우 사기

를 당하더라도 이 정도라면 문제없다는 제한선을 정해

두는 것입니다.

홈쇼핑에서 발견한 상품이 좋아 보여도 정말 좋은 상

품인지는 알 수 없습니다. 그렇다면 30만 원까지는 실험

비용이라고 정해두고 시도해보면 어떨까요? 또는 살짝

수상한 투자 이야기가 나올 때 사기인 것 같더라도 자꾸

신경 쓰인다면 100만 원까지는 체험비라고 생각하고 시도해보는 것처럼 말입니다.

만약 그것이 사용하기 불편한 상품이었다거나 사기를 당해 수중에 아무것도 남지 않았다 하더라도 스스로 납득한 일이라면 수업료나 경험 비용이라는 생각에 체념하게 됩니다. 체념하지 못해 우울해지는 것보다는 훨씬 낫겠죠.

좋은 이야기를 머리로만 믿고 거액을 지불하면 실패했을 때 속았다는 것을 인정하지 못할뿐더러 수렁에 빠질 수 있습니다. 그러므로 처음부터 실험에는 실패가 따르는 법이라고 생각하는 편이 좋습니다.

유연한 사람이
사기도 잘 안 당합니다

사기를 당하지 않으려고 그렇게 주의하는데도 보이스 피싱 사건이 사라지지 않는 이유는 무엇일까요?

사기를 당하는 것은 판단력이 둔해진 노인뿐이라고 생각할 수도 있지만, 의외로 50대 정도 된 똑 부러진 사람이 당하는 경우도 적지 않습니다. 사기 수법은 우리가 생각하는 것보다 훨씬 교묘하기 때문입니다.

사회심리학적 관점으로 보면 '난 절대 당하지 않아'라며 자신감이 넘치고 시의심이 강한 사람일수록 더 당하기 쉽습니다. '세상에는 냉정한 사람만 있는 게 아니다'

라며 사람을 쉽게 믿는 사람과 '낯선 이는 모두 도둑으로 생각해라'라며 일단 의심부터 하는 사람 중 의외로 후자 쪽이 사기를 당하기 쉽다는 연구 결과도 있습니다.

주변 사람을 모두 나쁜 놈이라고 의심하고 덤비는 사람은 유난히 나쁜 짓을 꾀하는 사기꾼을 알아차리지 못합니다. 게다가 그 사람에게서 괜찮은 부분을 찾고 신뢰하게 되면 긴장이 풀리면서 전부 다 믿어버립니다. 반대로 모두 좋은 사람이라는 생각을 가지고 바라보면 나쁜 짓을 꾀하는 사람을 만났을 때 '이 사람은 뭔가 이상해'라고 단번에 알아차립니다.

애초에 이 세상에 선인과 악인만 있다면 악인 쪽이 압도적으로 적지 않을까요? 대부분의 사람은 평범하게 신뢰할 수 있는 사람입니다. 속일 목적으로 접근하는 사람은 전체에서 보면 극히 일부입니다. 따라서 속고 싶지 않다면 '세상에는 냉정한 사람만 있는 게 아니다'라는 사고방식으로 살아야 합니다.

보이스 피싱에는 세 가지 법칙이 있습니다. 첫 번째는 가족이 누군가에게 피해를 줬다고 착각하게 한 후 상대방이 불안해져서 뭐든 해야 한다고 생각하게 만드는 것입니다. 두 번째는 예를 들어 "회삿돈에 손을 댔는데 오후 3시까지만 복구해놓으면 회계상 문제가 되지 않을 테니 그때까지 준비 좀 해주세요"라며 명확하게 기한을 설정하는 것입니다. 그리고 마지막으로 "이 일은 알려지면 곤란하니까 우리 둘만의 비밀로 해요. 아무에게도 말하면 안 됩니다"라며 정보를 차단하는 것입니다. '불안하게 만들고 기한을 정한 뒤 정보를 차단한다.' 이 세 가지 법칙으로 다가오면 평소에는 이상하다고 의심할 만한 사람도 잘못된 판단을 내리고 감쪽같이 속아버립니다.

자기 아이나 가족이 나쁜 짓을 저질렀다는 말을 들으면 누구나 죄책감을 느낍니다. 그런데 3시까지 돈을 준비하라고 하면 아마도 한 시간이나 두 시간 정도의 여유는 있을 것입니다. 그사이에 진정하고 찬찬히 생각을 정리해볼 수 있습니다. 하지만 시간 제약이 생기면 한시라도 빨리 대처해야 한다고 여기게 되지요. 다른 사람과 상의하면 안 된다는 말을 들었더라도 회삿돈을 횡령했다면 관계자 외의 사람과 상의하면 됩니다. 그러나 궁지에 몰린 상태에서 조건을 제시하면 누구에게도 말하면 안 된다고 확신해버립니다.

이렇게 너무 진지하게 생각하는 것은 오히려 사기를 당하기 쉽게 만듭니다. 좀 더 느슨하게 생각하는 태도를 터득한다면 잠깐 멈추고 생각할 수 있으니 냉정해질 것입니다. '집안의 수치라 한들 무슨 상관'이라는 생각으로 산다면 보이스 피싱에 당할 위험도 분명 큰 폭으로 줄어들 것입니다.

가볍게 만날 수 있는
친구 만들기

　사회생활을 그만두면 좋은 친구를 사귀기 힘들다고 고민하는 사람도 있습니다. 하지만 무리하게 좋은 관계를 맺으려고 노력할 필요는 없습니다. 친해지려고 해도 앞으로 계속 배려해야 하는 관계라면 피곤해질 뿐입니다.

　오늘도 실험을 한다고 생각하면서 행동하다 보면 자연스럽게 대화가 통하는 사람을 발견할 수 있습니다. 만약 흡연자라면 흡연 장소에서, 술 마시는 것을 좋아한다면 근처 술집에서 만난 사람에게 말을 걸어보면 좋겠지요. 공통의 취미가 있다면 자연스럽게 친해질 것입니다.

가벼운 교우관계를 만들려면 여러 곳에 얼굴을 내밀어보세요. 월요일에는 스포츠클럽, 화요일에는 꽃꽂이, 수요일에는 봉사활동, 목요일에는 또 다른 분야 등 여러 곳에 얼굴도장을 찍는다면 어딘가에서 대화가 잘 통하는 사람을 만나게 될 것입니다. 여성 중에서는 활동적으로 여러 곳에 참여하는 것을 잘하는 사람이 많은데 남성도 일단 행동으로 옮겨보는 것입니다.

아무 취미도 없어 곤란하다는 사람도 있는데, 어렵게 생각할 필요는 없습니다. 싫지만 않으면 뭐든 한번 해보자, 시도해보자 정도의 가벼운 마음으로 해보세요. 생각지 못한 즐거움에 눈이 번쩍 뜨일 수도 있고, 재미가 없다면 바로 그만두면 됩니다. 우리 나이에는 시작했으니 계속해야 한다고 생각할 필요가 전혀 없습니다. 지금까지 접하지 못했던 사회에 관한 좋은 경험이라고 여기며 자꾸자꾸 도전해봐도 괜찮습니다.

재미있으면 계속하고, 싫으면 그만둔다. 마음이 내키지 않으면 안 가도 된다. 그런 식으로 느슨하게 생각하며 새로운 생활을 즐겨보세요. 누구와 친하게 지내야 한다든지 사람이 말한 것은 지켜야 한다든지 자기 자신에게 그런 족쇄를 채울 필요도 없습니다. 법에 저촉되지만 않는다면 기본적으로 무엇을 해도 괜찮다는 마음으로 자유롭게 행동하면 됩니다.

꼭 젊어야만
세상을 바꿀 수 있나요

현재 일본 가계 금융자산은 60세 이상의 보유 비율이 60퍼센트가 넘습니다. 고령자가 저축으로 돈을 묶어두는 것이 문제라는 말이 자주 들리지만, 자신들이 매력적이라고 느끼는 것이 나타난다면 돈을 쓸 사람은 많을 것입니다.

하지만 그런 것이 나올 때까지 언제까지고 기다릴 수만은 없습니다. 고령자가 앞으로 좀 더 목소리를 높여야 합니다. 또한 앞으로 고령자의 길을 걷게 될 우리 세대가 적극적으로 목소리를 내고, 우리가 고령자가 됐을 때

바라는 것을 출시해달라고 강하게 어필해봐도 괜찮지 않을까요?

시청이나 주민센터 같은 관공서에서 클레임을 걸며 호통치는 고령자가 있는데 그런 곳에서 호통쳐봤자 건설적이지 않다는 사실은 모두 알고 있습니다. 어차피 화를 낼 거라면 '건설적으로 화내라'라고 말하고 싶습니다.

그것을 제대로 실행할 수 있는 곳이 주주총회입니다. 그곳에서 건설적인 분노를 표출하는 것은 의미가 있습니다. 정치에 대한 불만이 점점 가중되어 항상 화를 내는 사람은 있어도 그것을 발산할 장소는 거의 없습니다. 그런 점에서 주주총회는 현실에서 건설적인 분노를 정당하게 발산할 수 있는 장소가 아닐까요?

기업의 주식을 산 후 주주총회에 나가 "왜 고령자 대상의 상품을 내지 않습니까?"라며 사장에게 따져보는 것도 하나의 방책이 될 것입니다. 또 고령자 대상의 이런 제품을 출시해달라고 한다거나 이런 서비스를 원한다면서 고령자에게 시선을 돌리게 만들어 우리 소비자들의 생생한 의견을 전달해보는 것도 괜찮지 않을까요?

고령자가 건강하고 즐겁게 살아갈 수 있는 사회가 실현되도록 곧 고령자가 될 우리가 의식을 가지고 지금부터 행동하면 될 것입니다. 10년이나 20년 후 우리가 고령자가 되었을 때, 젊은 세대가 '나이 드는 것도 나쁘지 않네'라고 생각할 만한 시대가 오면 좋겠습니다.

나가는 말

지금까지 나이가 들고 나서 느슨하게 사는 방법이나 그 장점에 대해 여러 가지 글을 써왔습니다.

제 글로 느슨하게 살 마음이 들었다거나 조금이나마 마음이 편해졌다는 분이 계신다면 저자로서 더할 나위 없이 행복할 것입니다. 다만 한편으로 의도는 알겠지만 실행하기는 힘들다고 생각하는 분도 계실 것입니다.

지금껏 자신에게 엄격하고 성실하게 살아온 분일수록 느슨하게 살라고 하면 무조건 저자의 말을 따라야 하고,

저자가 말한 것이 올바른 삶의 방식이니 전부 해야만 한다고 생각하기 쉽습니다. 그 부분을 느슨하게 생각하고 하나라도 실행했다면 전보다 훨씬 느슨해졌으니 괜찮다고 여기시길 바랍니다. 시도해보고 조금이라도 편해졌다면 그다음을 시도할 마음이 들지도 모릅니다.

'적당히'는 부정적 의미로 쓰일 때가 많은데 원래 '좋다'나 '알맞다'라는 뜻으로 사용하는 단어입니다. 저는 이 '알맞다'라는 단어를 좋아합니다. 영어로는 'good enough'인데 'perfect'는 아니지만 충분히 좋다는 의미이지요.

정신분석학 측면에서 부모는 'perfect'를 목표로 하기보다 'good enough'면 되고 그편이 아이도 정신적으로 건강하게 자란다고 합니다. 저도 입시 지도를 할 때 편하게 할 수 있는 부분은 편하게 해도 되지만, 너무 대충하다 합격선을 넘기지 못하면 그때는 1년을 재수해야 한다고 지도해왔습니다. 다만 너무 성실한 사람이라면

'대충'이나 '적당하다'라고 느껴질 정도가 딱 좋은 것도 사실이지요.

지금보다 조금만 더 느슨하면 됩니다. 나이에 맞게 느슨해질 정도로 가볍게 생각하고 느슨하게 산다면 제 기준에서는 'good enough'이며 제대로 나이를 먹는 것이나 다름없습니다. 서툰 글이지만 이 책의 편집에 수고해주신 가와데쇼보신샤 오타 미호 씨와 구성해준 사가사키 후미카 씨에게 이 자리를 빌려 감사의 마음을 전합니다.

와다 히데키

옮긴이 박여원

덕성여대 일어일문학과를 졸업하고 콘텐츠 마케터로 일하다 한국어의 다양하고
독특한 말맛에 빠져 번역의 길로 들어서게 되었다. 현재는 바른번역 소속 출판번
역가로 여러 분야의 도서를 기획, 번역하고 있다. 옮긴 책으로는《물은 바다를 향해
흐른다》,《아이는 알아주지 않는다》 등이 있다.

어른의 느슨함

초판 1쇄 발행 2025년 5월 9일

지은이 와다 히데키
옮긴이 박여원
펴낸이 박혜연

디자인 STUDIO 보글
마케팅 김하늘
펴낸곳 ㈜윌마 **출판등록** 2024년 7월 11일 제2024-000120호

ISBN 979-11-988895-9-1 (03190)

(주)윌마는 독자 여러분의 책에 관한 아이디어와 원고 투고를 기다리고 있습니다. 책 출간을
원하시는 분은 이메일 wilma @ wilma.kr로 간단한 개요와 취지, 연락처 등을 보내주세요.